Au nom de Dieu, le

PETIT GUIDE ILLUSTRÉ POUR COMPRENDRE L'ISLAM

Première édition

Auteur : I. A. Ibrahim
Traductrice : Barbara Centorami

Réviseurs de la version anglaise :

Dr. William (Daoud) Peachy

Michael (Abdul-Hakim) Thomas

Tony (Abu-Khaliyl) Sylvester

Idris Palmer

Jamaal Zarabozo

Ali AlTimimi

Réviseurs scientifiques de la version anglaise :

Professeur Harold Stewart Kuofi

Professeur F. A. State

Professeur Mahjoub O. Taha

Professeur Ahmad Allam

Professeur Salman Sultan

Professeur associé H. O. Sindi

Darussalam
London

Copyright

Copyright © 2008 I. A. Abu-Harb.

Tous droits réservés. Aucune partie de ce site web ou du livre intitulé A Brief Illustrated Guide To Understanding Islam ne peut être reproduite ou transmise sous aucune forme ni par aucun procédé, qu'il soit électronique ou mécanique, incluant les photocopies, les enregistrements, le stockage de données et l'utilisation de systèmes d'extraction et de consultation, sans la permission écrite de l'auteur.

Reproduction

La réimpression ou la reproduction de ce livre dans son intégralité est autorisée sans frais, à condition qu'il n'y ait aucune modification, addition ou omission. Pour des réimpressions de haute qualité, prière de contacter l'auteur.

Le site web de ce livre

Ce livre est disponible sur internet à l'adresse ci-dessous:

www.islam-guide.com/fr

Première édition - Première impression

ISBN: 978-9960-58-112-5

Publié par Darussalam International Publications Ltd., London, UK.

TABLE DES MATIÈRES

PRÉFACE 3

CHAPITRE 1
QUELQUES PREUVES QUE L'ISLAM EST UNE RELIGION VÉRIDIQUE 5

(1) Les miracles scientifiques du Coran 5
    A) Ce que dit le Coran sur le développement embryonnaire humain 6
    B) Ce que dit le Coran au sujet des montagnes 11
    C) Ce que dit le Coran sur l'origine de l'univers 14
    D) Ce que dit le Coran sur le cerveau 16
    E) Ce que dit le Coran sur les mers et les rivières 17
    F) Ce que dit le Coran sur les mers profondes et les vagues internes 20
    G) Ce que dit le Coran au sujet des nuages 22
    H) Commentaires de quelques savants sur les miracles scientifiques du Coran 27
(2) Le grand défi de produire un seul chapitre semblable aux chapitres du Coran 32
(3) Les prophéties bibliques sur la venue de Mohammed ﷺ, le prophète de l'islam 33
(4) Les versets du Coran qui font mention d'événements à venir qui se sont réalisés par la suite 36
(5) Les miracles accomplis par le prophète Mohammed ﷺ 37
(6) Le mode de vie simple de Mohammed ﷺ 38
(7) L'expansion phénoménale de l'islam 41

CHAPITRE 2
QUELQUES BIENFAITS DE L'ISLAM 43

(1) La voie vers le Paradis éternel 43
(2) Une sauvegarde contre le feu de l'Enfer 44
(3) Le véritable bonheur et la paix intérieure 45
(4) Le pardon de tous les péchés commis dans le passé 46

CHAPITRE 3
INFORMATIONS GÉNÉRALES SUR L'ISLAM .. 47

Qu'est-ce que l'islam? 47
Quelques croyances islamiques de base 47
    1) Croyance en Dieu 47
    2) Croyance aux anges 49
    3) Croyance dans les livres révélés de Dieu 50
    4) Croyance aux prophètes et aux messagers de Dieu 50
    5) Croyance au Jour du Jugement 50
    6) Croyance au Qadar 50
Existe-t-il une source sacrée autre que le Coran? 51
Quelques exemples de paroles du prophète Mohammed ﷺ 51
Que dit l'islam sur le Jour du Jugement? 52
Comment devient-on musulman(e)? 54
De quoi le Coran parle-t-il? 56
Qui est le prophète Mohammed ﷺ ? 56
Comment la propagation de l'islam a-t-elle inué sur le développement des sciences? 58
Que pensent les musulmans de Jésus? 59
Que dit l'islam à propos du terrorisme? 61
Les droits de l'homme et la justice en islam 63
Quel est le statut de la femme en islam? 65
La famille en islam 66
Comment les musulmans traitent-ils les personnes âgées? 66
Quels sont les cinq piliers de l'islam? 67
    1) La profession de foi 67
    2) La prière 68
    3) Donner la *Zakat* (soutien aux pauvres) 68
    4) Le jeûne du mois de Ramadan 69
    5) Le pèlerinage à la Mecque 69
Informations supplémentaires sur l'islam 71
Vos suggestions et commentaires 71
Bibliographie 72

PRÉFACE

Ce livre est un guide abrégé pour comprendre l'islam. Il est constitué de trois chapitres.

Le premier chapitre, **Quelques preuves que l'islam est une religion véridique,** répond à d'importantes questions que se posent certaines personnes:

- Le Coran est-il vraiment la parole de Dieu, révélée par Lui?
- Mohammed [1] est-il vraiment un prophète envoyé par Dieu?
- L'islam est-il vraiment une religion provenant de Dieu?

Dans ce chapitre, nous vous présentons six genres de preuves:

1) **Les miracles scientifiques du Coran:** Cette section traite (avec des illustrations) de certains faits scientifiques récemment découverts dont il est fait mention dans le Coran, lequel fut révélé il y a plus de quatorze siècles.

2) **Le grand défi de produire un seul chapitre semblable aux chapitres du Coran:** Dans le Coran, Dieu a lancé un défi à tous les êtres humains: celui de produire ne serait-ce qu'un seul chapitre semblable aux chapitres du Coran. Depuis que le Coran a été révélé, il y a quatorze siècles, jusqu'à nos jours, personne n'a été en mesure de relever ce défi en dépit du fait que le plus court chapitre du Coran (chapitre 108) ne contient que dix mots.

---

1) Ces mots en arabe e signifient, "Que Dieu glorifie son nom et le protège de toute imperfection."

3) **Les prophéties bibliques concernant la venue de Mohammed ﷺ, le prophète de l'islam:** Dans cette section, des prophéties bibliques sur la venue du prophète Mohammed ﷺ sont analysées

4) **Les versets du Coran qui font mention d'événements à venir qui se sont réalisés par la suite:** Le Coran fait mention d'événements à venir qui se sont réalisés, comme la victoire des Romains sur les Perses.

5) **Les miracles accomplis par le prophète Mohammed ﷺ:** Plusieurs miracles furent accomplis par le prophète Mohammed ﷺ et de nombreuses personnes en furent témoins.

6) **Le mode de vie simple du prophète Mohammed ﷺ:** Cela indique clairement que Mohammed n'était pas un faux prophète qui prétendait avoir reçu la prophétie dans le but d'acquérir des biens matériels, de l'importance, ou du pouvoir.

De ces six genres de preuves, nous pouvons conclure que:
- Le Coran est véritablement la parole de Dieu, révélée par Lui.
- Mohammed ﷺ est vraiment un prophète envoyé par Dieu.
- L'islam est vraiment une religion provenant de Dieu.

Pour savoir si une religion est véridique ou fausse, nous ne devrions pas nous fier à nos émotions, nos sentiments ou nos traditions. Nous devrions plutôt nous baser sur notre raison et notre intellect. Quand Dieu a envoyé Ses prophètes, Il les a envoyés avec des miracles et des signes destinés à prouver qu'ils étaient réellement des prophètes envoyés par Dieu et que la religion qu'ils prêchaient était véridique.

Le deuxième chapitre, **Quelques bienfaits de l'islam**, mentionne quelques-uns des bienfaits que l'islam apporte aux individus, tels que:
1) **La voie vers le Paradis éternel**
2) **Une sauvegarde contre le feu de l'Enfer**
3) **Le véritable bonheur et la paix intérieure**
4) **Le pardon de tous les péchés commis dans le passé.**

Le troisième chapitre, Informations générales sur l'islam, fournit des informations générales sur l'islam, clarifie certaines idées reçues, et répond à des questions fréquemment posées, comme:
- Que dit l'islam sur le terrorisme?
- Quel est le statut de la femme en islam?

CHAPITRE 1

QUELQUES PREUVES QUE L'ISLAM EST UNE RELIGION VÉRIDIQUE

Dieu a envoyé Son dernier prophète (Mohammed ﷺ) avec plusieurs miracles et signes prouvant qu'il est un véritable prophète envoyé par Dieu. De la même façon, Dieu a fortifié Sa dernière révélation, le Coran, avec de nombreux miracles qui prouvent que ce Coran est la parole de Dieu, révélée par Lui, et qu'il n'a pas été rédigé par des hommes. Dans ce chapitre, nous examinerons ces preuves.

(1) Les miracles scientifiques du Coran

Le Coran est la parole de Dieu, qu'Il a révélée à Son prophète Mohammed ﷺ par l'intermédiaire de l'ange Gabriel. Il a été mémorisé par Mohammed ﷺ, qui l'a ensuite dicté à ses compagnons. Ces derniers l'ont à leur tour mémorisé, mis par écrit et révisé en compagnie du prophète Mohammed ﷺ. De plus, une fois par année, le prophète Mohammed ﷺ révisait tout le Coran avec l'ange Gabriel; la dernière année de sa vie, il l'a révisé deux fois. Depuis le moment où le Coran a été révélé jusqu'à nos jours, il y a toujours eu un très grand nombre de musulmans l'ayant mémorisé en entier, lettre par lettre. Certains d'entre eux ont même réussi à mémoriser tout le Coran avant l'âge de dix ans. Pas une seule lettre du Coran n'a été modifiée à travers les siècles.

Le Saint Coran

Le Coran, qui a été révélé il y a plus de quatorze siècles, fait mention de faits qui n'ont été que récemment découverts ou prouvés par les scientifiques. Cela démontre, sans l'ombre d'un doute, que le Coran est la parole de Dieu, révélée par Lui au prophète

Mohammed ﷺ, et qu'il n a pas été écrit par Mohammed ﷺ, ni par aucun autre être humain. Cela prouve également que Mohammed ﷺ est un véritable prophète envoyé par Dieu. Il serait déraisonnable de croire qu'une personne aurait pu avoir connaissance, il y a quatorze siècles, de faits qui n'ont été découverts ou prouvés que récemment à l'aide d'équipements de pointe et de méthodes scientifiques hautement perfectionnées. En voici quelques exemples.

A) Ce que dit le Coran sur le développement embryonnaire humain:

Dans le Coran, Dieu parle des différents stades du développement embryonnaire humain:

> ❨ **Nous avons certes créé l'homme d'un extrait d'argile, puis Nous en fîmes une goutte de sperme dans un reposoir solide. Ensuite, Nous avons fait du sperme une alaqah (sangsue, chose suspendue, caillot de sang), et de la *alaqah* Nous avons créé une moudghah (substance mâchée)...** ❩[1] **(Coran, 23:12-14)**

Littéralement, le mot arabe *alaqah* a trois sens: (1) une sangsue, (2) une chose suspendue, et (3) un caillot de sang.

Si nous comparons une sangsue à un embryon à l'étape de la *alaqah*, nous découvrons des similarités entre les deux[2], comme nous pouvons le voir sur l'illustration 1. De plus, l'embryon qui est à cette étape de son développement se nourrit du sang de la mère, comme la sangsue se nourrit du sang de ceux sur qui elle se fixe.[3]

Le deuxième sens du mot alaqah est "une chose suspendue". C'est ce que nous pouvons voir sur les illustrations 2 et 3: l'embryon en suspension dans l'utérus de la mère, au stade de la alaqah.

---

(1) Notez que ce qui est écrit entre ces parenthèses ❨ ... ❩ sur notre site n'est que la traduction du sens des versets du Coran. Ce n'est pas le Coran comme tel, qui lui est en arabe.
(2) *The Developing Human* [L'humain en développement], Moore et Persaud, 5e édition., p. 8.
(3) *Human Development as Described in the Quran and Sunnah* [Le développement humain tel que décrit dans le Coran et la Sounnah], Moore et al., p. 36.

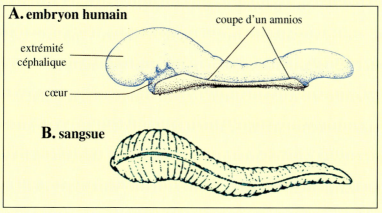

Illustration 1: Dessins illustrant les similarités, au niveau de l'apparence, entre une sangsue et un embryon humain au stade appelé *alaqah*. (Le dessin de la sangsue est tiré de l'ouvrage *Human Development as Described in the Quran and Sunnah* [Le développement humain tel que décrit dans le Coran et la Sounnah], Moore et al., p. 37, adapté de *Integrated Principles of Zoology* [Principes généraux de zoologie], Hickman et al.. Le dessin de l'embryon est tiré de *The Developing Human* [L'humain en développement], Moore et Persaud, 5e édition., p. 73.)

Illustration 2: Nous pouvons voir, sur ce diagramme, la suspension de l'embryon dans l'utérus de la mère, au stade de la alaqah. *(The Developing Human* [L'humain en développement], Moore et Persaud, 5e édition., p. 66.)

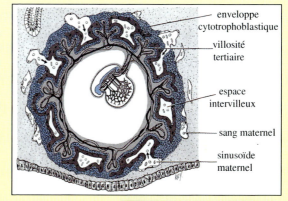

Illustration 3: Sur cette photomicrographie, nous pouvons voir la suspension d'un embryon (B) au stade de la *alaqah* (âgé d'environ 15 jours) dans l'utérus de la mère. La grandeur réelle de l'embryon est d'environ 0,6 mm. *(The Developing Human* [L'humain en développement], Moore, 3e édition., p. 66, adapté de *Histology* [Histologie], Leeson et Leeson.)

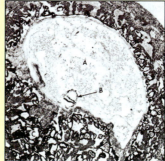

Le troisième sens du mot alaqah est "caillot de sang". L'apparence externe de l'embryon et de ses sacs au stade de la alaqah est très similaire à celle d'un caillot de sang. Cela est dû à la présence de quantités de sang relativement élevées dans l'embryon au cours de ce stade[1] (voir illustration 4). Aussi, durant ce stade, le sang contenu dans l'embryon ne commence pas à circuler avant la fin de la troisième semaine.[2] Donc, l'embryon, à ce stade, est comme un caillot de sang.

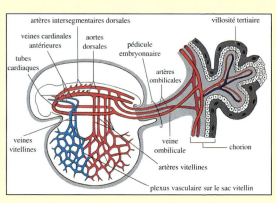

Illustration 4: Diagramme du système cardio-vasculaire rudimentaire d'un embryon au stade de la *alaqah*. L'apparence externe de l'embryon et de ses sacs est similaire à celle d'un caillot de sang; cela est dû à la présence de grandes quantités de sang dans l'embryon. *(The Developing Human* [L'humain en développement], Moore, 5e édition., p. 65.)

Ainsi, les trois sens du mot alaqah correspondent exactement aux descriptions de l'embryon au stade de la *alaqah*.

Le stade suivant, mentionné dans le verset, est le stade de la *moudghah*. Le mot arabe moudghah signifie "substance mâchée". Si quelqu'un mâchait un morceau de gomme à mâcher et le comparait à un embryon au stade de la *moudghah*, il verrait que l'embryon, à ce stade, prend l'apparence d'une substance mâchée. Cette ressemblance est dûe aux somites sur le dos de l'embryon qui ressemblent, en quelque sorte, à des traces de dents dans une substance mâchée.[3] (voir illustrations 5 et 6).

Comment Mohammed ﷺ aurait-il pu savoir tout cela il y a 1400 ans, alors que les scientifiques ne l'ont découvert que récemment en utilisant des équipements de pointe et de puissants microscopes qui n'existaient pas à cette époque-là? Hamm et Leeuwenhoek furent les premiers scientifiques à observer des cellules de sperme humain

---

(1) Human Development as Described in the Quran and Sunnah [Le développement humain tel que décrit dans le Coran et la Sounnah], Moore et al., pp. 37-38.
(2) The Developing Human [L'humain en développement], Moore et Persaud, 5e édition., p. 65.
(3) The Developing Human [L'humain en développement], Moore et Persaud, 5e édition., p. 8.

Illustration 5: Photographie d'un embryon au stade appelé *moudghah* (âgé de 28 jours). L'embryon, à ce stade, prend l'apparence d'une substance mâchée à cause des somites situés sur le dos qui ressemblent à des traces de dents dans une substance mâchée. La grandeur réelle de l'embryon est de 4 mm. *(The Developing Human* [L'humain en développement], Moore et Persaud, 5e édition., p. 82, du Professeur Hideo Nishimura de l'Université de Kyoto, à Kyoto (Japon).)

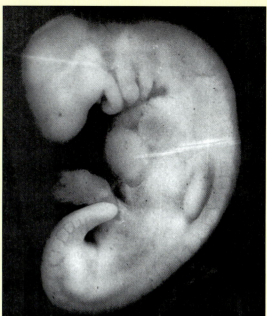

Illustration 6: Lorsque nous comparons l'apparence d'un embryon au stade de la *moudghah* avec celle d'un morceau de gomme qu'on a mâché, nous voyons des similarités entre les deux.
A) Dessin d'un embryon au stade de la *moudghah*. Nous pouvons voir, sur le dos de l'embryon, les somites qui ressemblent à des traces de dents. *(The Developing Human* [L'humain en développement], Moore et Persaud, 5e édition., p. 79.)
B) Photographie d'un morceau de gomme qui a été mâché.

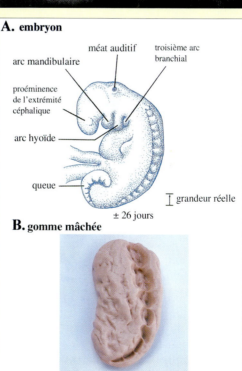

Petit guide illustré pour comprendre l'islam

à l'aide d'un microscope perfectionné en 1677 (c'est-à-dire plus de 1000 ans après la venue de Mohammed ﷺ). Ils crurent erronément que la cellule de sperme contenait un être humain miniature préformé qui grandissait à partir du moment où il était déposé dans l'appareil génital femelle.[1]

Le professeur émérite Keith L. Moore[2] est l un des scientifiques les plus en vue dans les domaines de l'anatomie et de l'embryologie, et il est l'auteur de l'ouvrage intitulé *The Developing Human* [L' humain en développement], qui a été traduit en huit langues. Ce livre est un ouvrage de référence scientifique et il a été choisi par un comité spécial, aux États-Unis, comme le meilleur livre rédigé par un seul auteur. Le docteur Keith Moore est professeur émérite d anatomie et de biologie cellulaire à l'Université de Toronto, Toronto, Canada. Il y a été, auparavant, vice-doyen du Département des Sciences fondamentales à la Faculté de Médecine et, pendant 8 ans, le président du Département d'Anatomie. En 1984, il reçut un des prix les plus distingués attribués dans le domaine de l'anatomie au Canada, le J.C.B., Grand Prix de l'Association canadienne des anatomistes. Il a dirigé plusieurs associations internationales, dont l'Association canado-américaine des anatomistes et le Conseil de l'union des sciences biologiques.

En 1981, au cours de la Septième Conférence Médicale à Dammam, en Arabie Saoudite, le professeur Moore affirma: " Ce fut pour moi un grand plaisir que d'aider à clarifier les passages du Coran qui parlent du développement humain. Il ne fait aucun doute, à mon esprit, que ces passages ont été révélés à Mohammed par Dieu, parce que la presque totalité de ces connaissances n'ont été découvertes que plusieurs siècles plus tard. Pour moi, cela constitue une preuve que Mohammed était un messager de Dieu.".[3]

On posa donc au professeur Moore la question suivante: "Cela signifie-t-il que vous croyez que le Coran est la parole de Dieu? . Il répondit: Je n'ai aucun problème à l'accepter." .[4]

Au cours d'une autre conférence, le professeur Moore déclara: Dû au continuel processus de modification au cours du développement, la classification des stades de l'embryon humain est complexe. C'est pourquoi nous considérons que nous pourrions

---

(1) The Developing Human [L'humain en développement], Moore et Persaud, 5e édition., p. 9.
(2) Note: la profession de tous les scientifiques mentionnés sur ce site a été mise à jour pour la dernière fois en 1997.
(3) La référence pour ce commentaire est This is the Truth [Ceci est la vérité] (cassette vidéo).
(4) This is the Truth [Ceci est la vérité] (cassette vidéo).

développer un nouveau système de classification en utilisant les termes mentionnés dans le Coran et la *Sounnah* (ce que Mohammed ﷺ a dit, fait, ou approuvé). Le système proposé est simple, complet, et en conformité avec les connaissances embryologiques actuelles. L'étude approfondie du Coran et des hadiths (rapports fidèles transmis par les compagnons du prophète Mohammed ﷺ sur ce que ce dernier a dit, fait, ou approuvé) durant les quatre dernières années a révélé un système de classification des embryons humains qui est très étonnant du fait qu'il date du septième siècle de notre ère. Bien qu'Aristote, le fondateur de la science de l'embryologie, eût découvert, en étudiant des oeufs de poules, au quatrième siècle avant J.-C., que les embryons de poussins se développent par stades, il n'a jamais donné de détails sur ces stades. D'après ce que nous savons sur l'histoire de l'embryologie, il y avait très peu de connaissances sur les stades et la classification des embryons humains avant le vingtième siècle. Pour cette raison, les descriptions de l'embryon humain que l'on retrouve dans le Coran n'ont pu être basées sur les connaissances scientifiques du septième siècle. Donc la seule conclusion raisonnable est que ces descriptions ont été révélées à Mohammed par Dieu. Il ne pouvait connaître de tels détails parce qu'il était illettré et n'avait absolument aucune formation scientifique.".[1]

B) Ce que dit le Coran au sujet des montagnes:

Un livre intitulé Earth (Terre) est un manuel de référence de base dans plusieurs universités à travers le monde. L'un de ses deux auteurs est le professeur émérite Frank Press. Il a été le conseiller scientifique de l'ex-président américain Jimmy Carter et, pendant 12 ans, président de l'Académie Nationale des Sciences à Washington, DC. Dans son livre, il dit que les montagnes ont des racines sous-jacentes.[2] Ces racines sont profondément enfoncées dans le sol; par conséquent, les montagnes ont la forme de piquets (voir illustrations 7, 8 et 9).

Voici comment le Coran décrit les montagnes. Dieu a dit, dans le Coran:

> ❲ N'avons-Nous pas fait de la terre une couche? Et placé les montagnes comme des piquets?❳ (Coran, 78:6-7)

---

(1) This is the Truth [Ceci est la vérité] (cassette vidéo).
(2) Earth [Terre], Press et Siever, p. 435. Voir aussi Earth Science [Science de la Terre], Tarbuck et Lutgens, p. 157.

Illustration 7: Les montagnes ont de profondes racines sous la surface de la terre. (*Earth* [Terre], Press et Siever, p. 413.)

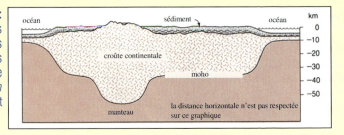

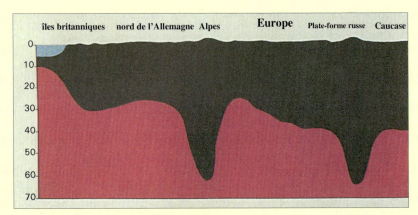

Illustration 8: Coupe schématique. Comme les piquets, les montagnes ont de profondes racines enfoncées dans le sol. (*Anatomy of the Earth* [Anatomie de la Terre], Cailleux, p. 220.)

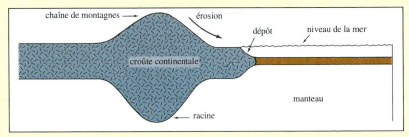

Illustration 9: Voici une autre illustration qui montre que les montagnes ont une forme semblable à celle de piquets à cause de leurs profondes racines. (*Earth Science* [Science de la Terre], Tarbuck et Lutgens, p. 158.)

La géologie moderne a prouvé que les montagnes ont de profondes racines sous la surface de la terre (voir illustration 9), et que ces racines peuvent atteindre en profondeur plusieurs fois la hauteur de la montagne à la surface.[1] En se basant sur ces informations, le mot le plus approprié pour décrire les montagnes est le mot "piquets", puisque la plus grande partie d'un piquet bien enfoncé est cachée sous la surface de la terre. De l'histoire des sciences, nous savons que la théorie voulant que les montagnes aient de profondes racines ne fut introduite qu'au cours de la seconde moitié du dix-neuvième siècle.[2]

Les montagnes jouent également un rôle important au niveau de la stabilisation de la croûte terrestre.[3] Elles font obstacle aux

❮ **Et Il a implanté des montagnes immobiles dans la terre afin qu'elle ne branle pas en vous emportant avec elle...**❯ **(Coran, 16:15)**

De même, la théorie moderne de la tectonique des plaques considère que les montagnes agissent en tant que stabilisateurs de la terre. Dans le domaine de la tectonique des plaques, ce n'est que depuis la fin des années 60[4] que l'on commence à comprendre le rôle que jouent les montagnes comme stabilisateurs de la terre.

Quelqu'un aurait-il pu connaître, à l'époque du prophète Mohammed ﷺ, la véritable forme des montagnes? Est-ce que quiconque pourrait imaginer que la montagne massive et solide qu'il voit devant lui s'enfonce profondément dans la terre et possède une racine, comme l'affirment les scientifiques? Un grand nombre de livres de géologie, lorsqu'ils parlent des montagnes, ne décrivent que la partie située à la surface de la terre. Cela est dû au fait que ces livres n'ont pas été rédigés par des spécialistes en géologie. Cependant, la géologie moderne a confirmé que les versets coraniques disent vrai.

---

(1) *The Geological Concept of Mountains in the Quran* [Le concept géologique des montagnes dans le Coran], El-Naggar, p. 5.
(2) *The Geological Concept of Mountains in the Quran* [Le concept géologique des montagnes dans le Coran], p. 5.
(3) *The Geological Concept of Mountains in the Quran* [Le concept géologique des montagnes dans le Coran], pp. 44-45.
(4) *The Geological Concept of Mountains in the Quran* [Le concept géologique des montagnes dans le Coran], p. 5.

C) Ce que dit le Coran sur l'origine de l'univers:

La science de la cosmologie moderne, observationnelle et théorique, indique clairement qu'à un certain moment dans le temps, l'univers entier n'était autre qu'un nuage de "fumée" (c'est-à-dire une composition gazeuse très chaude, opaque et extrêmement dense.).[1] C'est là un des principes incontestés de la cosmologie moderne. Les scientifiques peuvent maintenant observer de nouvelles étoiles se former à partir des restes de cette "fumée" (voir illustrations 10 et 11). Les étoiles lumineuses que l'on voit le soir, ainsi que l'univers tout entier, étaient, à l'origine, sous cette forme de "fumée". Dieu a dit, dans le Coran:

❰ Il S'est ensuite adressé au ciel, qui était alors fumée... ❱ **(Coran, 41:11)**

Parce que la terre et le ciel (comprenant le soleil, la lune, les étoiles, les planètes, les galaxies, etc.) se sont formés à partir de cette même "fumée", nous en concluons que la terre et le ciel étaient, au départ, joints en une seule entité. Ensuite, à partir de cette "fumée" homogène, ils ont pris forme et se sont séparés l'un de l'autre. Dieu a dit, dans le Coran:

❰ Ceux qui ont mécru n'ont-ils pas vu que les cieux et la terre formaient une masse compacte? Ensuite, Nous les avons séparés... ❱ **(Coran, 21:30)**

Le docteur Alfred Kroner est un géologue mondialement renommé. Il est professeur de géologie et président du Département de Géologie à l'Institut des Sciences de la terre de l'Université Johannes Gutenberg à Mainz, en Allemagne. Il a déclaré: " Quand on sait d'où venait Mohammed... Je crois qu'il est pratiquement impossible qu'il ait pu avoir connaissance de choses comme l'origine de l'univers, parce qu'il n'y a que quelques années que les scientifiques ont découvert, à l'aide de méthodes technologiques très avancées et compliquées, la vérité à ce sujet."[2] . Il a aussi

---

1) The First Three Minutes, a Modern View of the Origin of the Universe [Les trois premières minutes (Un point de vue moderne sur l'origine de l'univers)], Weinberg, pp. 94-105.
(2) La référence pour ce commentaire est This is the Truth [Ceci est la vérité] (cassette vidéo).

Illustration 10: Une nouvelle étoile se formant à partir d'un nuage de gaz et de poussière (nébuleuse), qui est l'un des restants de la "fumée" qui fut l'origine de tout l'univers. *(The Space Atlas* [Atlas de l'espace], Heather et Henbest, p. 50.)

Illustration 11: La nébuleuse du Lagon est un nuage de gaz et de poussière qui atteint près de 60 années lumières de diamètre. Elle est stimulée par les radiations ultra-violettes des étoiles incandescentes qui se sont récemment formées à l'intérieur de sa masse. (*Horizons, Exploring the Universe* [Horizons: Explorer l'univers], Seeds, cliché 9, de l'Association des universités pour la recherche en astronomie, Inc.)

dit: "Il y a quatorze siècles, quelqu'un qui ne connaissait rien à la physique nucléaire ne pouvait, à mon avis, être en position de découvrir, rien qu'avec sa raison que, par exemple, la terre et le ciel ont la même origine."[1]

D) Ce que dit le Coran sur le cerveau:

Dans le Coran, Dieu a dit, au sujet d'un des mécréants malveillants qui interdisait au Prophète Mohammed ﷺ de prier à la Kaaba:

> ❮ **Mais non! S'il ne cesse pas, Nous le saisirons, certes, par le naseyah (le toupet, le devant de la tête), un naseyah menteur et pécheur!** ❯ (**Coran, 96:15-16**)

Pourquoi le Coran décrit-il le devant de la tête comme menteur et pécheur? Pourquoi le Coran n'a-t-il pas simplement dit que cet homme était un menteur et un pécheur? Quelle relation y a-t-il entre le devant de la tête, le mensonge et le péché?

Si nous observons l'intérieur du crâne, là où se trouve le devant de la tête, nous trouverons la région préfrontale du cerveau (voir illustration 12). Que nous dit la physiologie sur la fonction de cette région? Un livre intitulé *Essentials of Anatomy & Physiology* [Éléments d'anatomie et de physiologie] dit, à propos de cette région: "La motivation et la faculté de prévoir la planification et la mise en action des mouvements se trouvent dans la partie antérieure du lobe frontal, c'est-à-dire la région préfrontale. C'est la région du cortex associatif..."[2] Dans ce livre, on dit aussi: "À cause de son implication au niveau de la motivation, la région préfrontale est également considérée comme le centre fonctionnel de l'agressivité...".[3]

Donc, cette région du cerveau est responsable de la planification, de la motivation et de la mise en action des bonnes et des mauvaises actions, et elle est également responsable du fait de dire des mensonges ou de dire la vérité. Il est donc approprié de décrire

---

(1) This is the Truth [Ceci est la vérité] (cassette vidéo).
(2) *Essentials of Anatomy & Physiology* [Éléments d'anatomie et de physiologie], Seeley et al., p. 211. Voir aussi *The Human Nervous System* [Le système nerveux humain], Noback et al., pp. 410-411.
(3) *Essentials of Anatomy & Physiology* [Éléments d'anatomie et de physiologie], Seeley et al., p. 211.

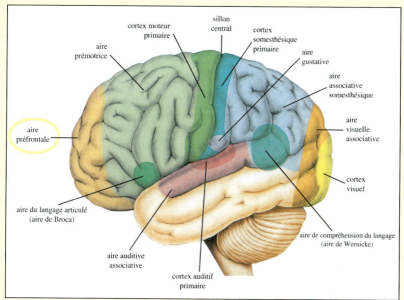

Illustration 12: Les régions fonctionnelles de l'hémisphère gauche du cortex cérébral. La région préfrontale est située à l'avant du cortex cérébral. (*Essentials of Anatomy & Physiology* [Éléments d'anatomie et de physiologie], Seeley et al., p. 210.)

le devant de la tête comme "menteur" et "pécheur" lorsqu'une personne ment ou commet un péché, comme le dit le Coran: **"... un naseyah (toupet, devant de la tête) menteur et pécheur!"**

Selon le professeur Keith L. Moore [1], ce n'est qu'au cours des soixante dernières années que les scientifiques ont découvert les fonctions de la région préfrontale.

E) Ce que dit le Coran sur les mers et les rivières:

La science moderne a découvert qu'aux endroits où deux mers différentes se rencontrent, il y a une barrière entre elles. Cette barrière sépare les deux mers de façon à ce que chacune conserve la température, la salinité et la densité qui lui sont propres.[2] Par exemple, l'eau de la mer Méditerranée est chaude, saline et moins dense que celle de l'océan Atlantique. Lorsque l'eau de la mer Méditerranée pénètre dans l'océan Atlantique, au niveau du détroit de Gibraltar, elle avance de plusieurs centaines de kilomètres dans

---

(1) *Al-E'jaz al-Elmy fee al-Naseyah* [Les miracles scientifiques du devant de la tête], Moore et al., p. 41.
(2) *Principles of Oceanography* [Les principes de l'océanographie], Davis, pp. 92-93.

l'Atlantique à une profondeur d'environ 1000 mètres, tout en conservant la température, la salinité et la densité moins élevée qui la caractérisent. C'est à cette profondeur que l'eau de la Méditerranée se stabilise[1] (voir illustration 13).

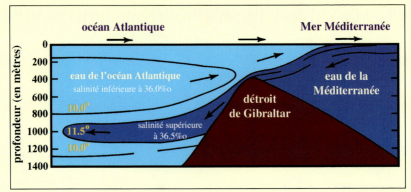

Illustration 13: L'eau de la Méditerranée pénètre dans l'Atlantique au niveau du détroit de Gibraltar en conservant la température, la salinité et la densité moins élevée qui la caractérisent, grâce à la barrière qui les distingue. Les températures sont en degrés Celsius (C°). (*Marine Geology* [La géologie marine], Kuenen, p. 43, avec une légère amélioration.)

Malgré la présence de grosses vagues, de forts courants et de marées dans ces mers, elles ne se mélangent pas et ne dépassent pas cette barrière.

Le Coran fait mention d'une barrière entre deux mers qui se rencontrent et que ces dernières ne dépassent pas. Dieu a dit:

> ❰ Il a donné libre cours aux deux mers pour se rencontrer; il y a entre elles une barrière qu'elles ne dépassent pas. ❱ (Coran, 55:19-20)

Mais quand le Coran parle de ce qui divise l'eau douce de l'eau salée, il mentionne l'existence d'un "barrage infranchissable" en plus de la barrière.

> ❰ Et c'est Lui qui donne libre cours aux deux mers: l'une douce, rafraîchissante, l'autre salée, amère. Et Il assigne entre les deux une barrière et un barrage infranchissable. ❱ (Coran, 25:53)

---

(1) *Principles of Oceanography* [Les principes de l'océanographie], Davis, p. 93.

On peut se demander pourquoi le Coran fait mention d'un barrage infranchissable lorsqu'il parle de ce qui divise l'eau douce de l'eau salée, mais n'en fait pas mention lorsqu'il parle de ce qui divise deux mers.

La science moderne a découvert que dans les estuaires, où l'eau douce et l'eau salée se rencontrent, le phénomène est en quelque sorte différent de celui que l'on retrouve dans les endroits où deux mers se rencontrent. Il a été découvert que ce qui distingue l'eau douce de l'eau salée dans les estuaires est une "zone de pycnocline avec une discontinuité marquée au niveau de la densité, qui sépare les deux couches."[1] Ce barrage (ou zone de séparation) a une salinité différente de celle de l'eau douce et de celle de l'eau salée[2] (voir illustration 14).

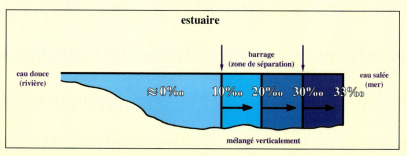

Illustration 14: Coupe longitudinale montrant la salinité (parties par millième ‰) dans un estuaire. Nous pouvons voir le barrage (ou zone de séparation) entre l'eau douce et l'eau salée. (*Introductory Oceanography* [Introduction à l'océanographie], Thurman, p. 301, avec une légère amélioration.)

Ces informations n'ont été découvertes que récemment à l'aide d'équipements de pointe servant à mesurer la température, la salinité, la densité, la dissolubilité de l'oxygène, etc. L'oeil humain ne peut percevoir la différence qui existe entre deux mers qui se rencontrent; car à l'oeil nu, les deux mers nous apparaissent comme une seule mer homogène. De la même façon, l'oeil humain ne peut percevoir, dans les estuaires, la division de l'eau en trois types: l'eau douce, l'eau salée, et le barrage (ou zone de séparation).

---

(1) *Oceanography* [L'océanographie], Gross, p. 242. Voir aussi *Introductory Oceanography* [Introduction à l'océanographie], Thurman, pp. 300-301.
(2) *Oceanography* [L'océanographie], Gross, p. 244, et *Introductory Oceanography* [Introduction à l'océanographie], Thurman, pp. 300-301.

F) Ce que dit le Coran sur les mers profondes et les vagues internes :

Dieu dit, dans le Coran:

❰ **Les actions des mécréants sont encore semblables à des ténèbres sur une mer profonde: des vagues la recouvrent, vagues au-dessus desquelles s'élèvent d'autres vagues, sur lesquelles il y a d'épais nuages. Ténèbres entassées les unes au-dessus des autres; quand quelqu'un étend la main, il ne la distingue presque pas...** ❱ **(Coran, 24:40)**

Ce verset fait mention de l'obscurité profonde qui règne dans les profondeurs des mers et océans, là où lorsque quelqu'un étend la main, il ne peut presque pas la distinguer. Les ténèbres dans les mers profondes commencent à une profondeur d'environ 200 mètres. À cette profondeur, il n'y a presque pas de lumière (voir illustration 15). Et il n'y a plus du tout de lumière à une profondeur de plus de 1000 mètres.[1] Les êtres humains sont incapables de

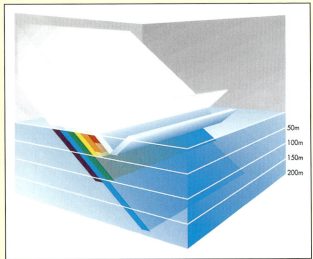

Illustration 15: Entre 3 et 30 pourcent de la lumière du soleil est reflétée à la surface de la mer. Et la presque totalité des sept couleurs du spectre solaire sont absorbées, l'une après l'autre, dans les premiers 200 mètres, sauf la couleur bleue. (Oceans [Les océans], Elder et Pernetta, p. 27.)

---

(1) *Oceans* [Les océans], Elder et Pernetta, p. 27.

plonger à plus de quarante mètres sans l'aide de sous-marins ou d'équipements spéciaux. Et ils ne peuvent survivre sans l'aide de ces équipements dans la partie obscure des océans, c'est-à-dire à une profondeur de 200 mètres et plus.

Les scientifiques ont récemment découvert cette obscurité profonde à l'aide d'équipements spéciaux et de sous-marins qui leur ont permis de plonger dans les profondeurs des océans.

De la phrase suivante: "sur une mer profonde: des vagues la recouvrent, vagues au-dessus desquelles s'élèvent d'autres vagues, sur lesquelles il y a d'épais nuages.", tirée du verset précédent, on comprend également que les eaux profondes des mers et océans sont recouvertes de vagues, et qu'au-dessus de ces vagues il y a d'autres vagues. Il est clair que les deuxièmes vagues auxquelles le verset fait référence sont les vagues de surface que nous pouvons voir, car il est spécifié qu'au-dessus de ces vagues, il y a des nuages. Mais qu'en est-il des premières vagues auxquelles le verset fait référence? Les scientifiques ont récemment découvert qu'il existe des vagues internes "qui se trouvent sur les interfaces de densité, situées entre les couches de densités différentes."[1] (voir illustration 16). Les vagues internes recouvrent les eaux profondes des mers et océans parce que

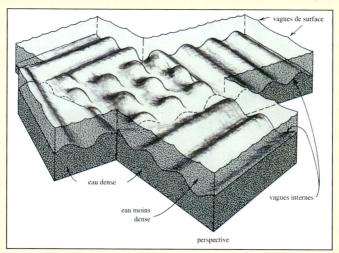

Illustration 16: Vagues internes sur l'interface située entre deux couches d'eau de densités différentes. L'une est dense (celle du bas), alors que l'autre est moins dense (celle du haut). (*Oceanography* [L'océanographie], Gross, p. 204.)

(1) *Oceanography* [L'océanographie], Gross, p. 205.

les eaux profondes ont une densité plus élevée que celle des eaux au-dessus d'elles. Les vagues internes se comportent de la même façon que les vagues de surface. Tout comme les vagues de surface, elles peuvent aussi déferler. Les vagues internes ne peuvent être perçues par l'oeil humain; c'est en étudiant les variations de température ou de salinité à un endroit déterminé que l'on arrive à les détecter.[1]

G) Ce que dit le Coran au sujet des nuages:

L'étude des divers types de nuages a permis aux scientifiques de réaliser que la formation et l'aspect des nuages de pluie sont régis selon des systèmes bien précis et suivent certaines étapes qui varient selon les types de vents et de nuages.

Un des types de nuages de pluie est le cumulo-nimbus. Les météorologues ont étudié la formation des cumulo-nimbus et la façon dont ils produisent la pluie, la grêle et les éclairs.

Ils ont découvert que les cumulo-nimbus passent à travers les différentes étapes suivantes pour produire de la pluie:

1) **Les nuages sont poussés par le vent:** Les cumulo-nimbus commencent à se former lorsque le vent pousse des fragments de nuages (cumulus) vers une aire où ces nuages convergent (voir illustrations 17 et 18).

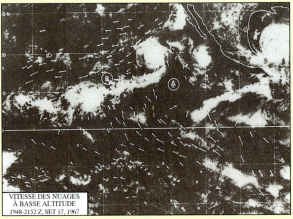

Illustration 17: Photo satellite montrant les nuages se déplaçant vers les aires de convergence B, C, et D. Les flèches indiquent les directions du vent. *(The Use of Satellite Pictures in Weather Analysis and Forecasting* [L'utilisation des images satellites dans l'analyse et les prévisions météorologiques], Anderson et al., p. 188.)

---

(1) *Oceanography* [L'océanographie], Gross, p. 205.

Illustration 18: Petits fragments de nuages (cumulus) se dirigeant vers une zone de convergence près de l'horizon, où l'on aperçoit un gros cumulo-nimbus. (*Clouds and Storms* [Les nuages et les tempêtes], Ludlam, cliché 7.4.)

2) **Les nuages se rassemblent:** Ensuite les fragments de nuages se rassemblent pour former un nuage plus gros[1] (voir illustrations 18 et 19).

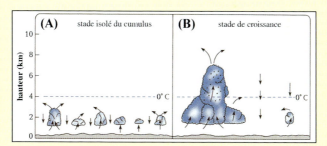

Illustration 19: (A) Fragments de nuages isolés (cumulus). (B) Lorsque les fragments de nuages de rassemblent, les courants d'air ascendants augmentent à l'intérieur du gros nuage nouvellement formé; le nuage se développe alors en hauteur. Les gouttes d'eau sont indiquées par les •. (*The Atmosphere* [L'atmosphère], Anthes et al., p. 269.)

---

(1) Voir *The Atmosphere* [L'atmosphère], Anthes et al., pp. 268-269, et *Elements of Meteorology* [Éléments de météorologie], Miller et Thompson, p. 141.

3) Le nuage se développe en hauteur: Lorsque les petits nuages se rassemblent, les courants d'air ascendants augmentent à l'intérieur du gros nuage nouvellement formé. Les courants d'air ascendants qui sont situés près du centre du nuage sont plus forts que ceux situés près des bords.[1] Ces courants d'air ascendants provoquent le développement en hauteur du nuage, formant une structure en forme d'enclume (voir illustrations 19 (B), 20, et 21). Ce développement en hauteur fait en sorte que le nuage s'étend jusqu'à des régions plus froides de l'atmosphère, et c'est là que des gouttes d'eau et des grêlons se forment et augmentent de volume. Lorsque ces gouttes d'eau et ces grêlons deviennent trop lourds pour être soutenus par les courants d'air ascendants, ils commencent à tomber du nuage sous forme de pluie et de grêle.[2]

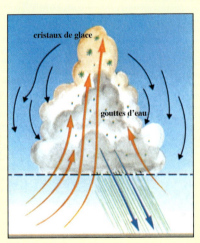

Illustration 20: Un cumulo-nimbus. Après que le nuage se soit développé en hauteur, formant une structure en forme d'enclume, de la pluie s'en échappe. (Weather and Climate [Conditions atmosphériques et climats], Bodin, p.123.)

Dieu dit, dans le Coran:

《 N'as-tu pas vu que Dieu pousse les nuages? Ensuite Il les réunit et Il en fait un amas, et tu vois la pluie sortir de son sein. 》

(Coran, 24:43)

Ce n'est que récemment que les météorologues ont découvert ces détails sur la formation, la structure et la fonction des nuages, en utilisant des équipements de pointe tels que des avions, des

---

(1) Les courants d'air ascendants qui sont près du centre sont plus forts parce qu'ils sont protégés du refroidissement par la partie du nuage qui entoure le centre.
(2) Voir The Atmosphere [L'atmosphère], Anthes et al., p. 269, et Elements of Meteorology [Éléments de météorologie], Miller et Thompson, pp. 141-142.

Illustration 21: Un cumulo-nimbus. (*A Colour Guide to Clouds* [Guide illustré des nuages], Scorer et Wexler, p. 23.)

satellites, des ordinateurs, des ballons d'essai, etc. pour étudier les directions du vent, mesurer l'humidité et ses variations, et pour déterminer les niveaux et les variations de la pression atmosphérique.[1]

Le verset précédent, après avoir mentionné les nuages et la pluie, parle de la grêle et des éclairs:

> ❮ ...Et Il fait descendre, du ciel, de la grêle provenant de nuages comparables à des montagnes. Il en frappe qui Il veut et l'écarte de qui Il veut. Peu s'en faut que l'éclat de son éclair ne ravisse la vue. ❯ (**Coran, 24:43**)

Les météorologues ont découvert que ces cumulo-nimbus, desquels tombe la grêle, atteignent une hauteur variant entre 25 000 et 30 000 pieds (7600 à 9100 mètres), ou 4.7 à 5.7 milles (7,5 à 9,2 kilomètres),[2] une hauteur rappelant celle des montagnes, comme le dit le Coran: **"...Et Il fait descendre, du ciel, de la grêle provenant de nuages comparables à des montagnes."** (voir illustration 21 ci-haut).

---

(1) Voir *Ee'jaz al-Quran al-Kareem fee Wasf Anwa' al-Riyah, al-Sohob, al-Matar*, Makky et al., p. 55.
(2) *Elements of Meteorology* [Éléments de météorologie], Miller et Thompson, p. 141.

Ce verset peut nous amener à nous poser la question suivante: pourquoi est-il dit, dans ce verset, "son éclair" en parlant de la grêle? Cela signifie-t-il que la grêle est la cause principale de la formation de l'éclair? Voici ce que le livre Meteorology Today (La météorologie d'aujourd'hui) dit à ce sujet. Il dit qu'un nuage devient électrifié lorsque les grains de grêle traversent une partie du nuage où circulent des gouttelettes très froides et des cristaux de glace. Lorsque les gouttelettes heurtent les grains de grêle, elles gèlent à leur contact et libèrent en même temps de la chaleur latente. Cela fait en sorte que la surface des grains de grêle reste plus chaude que celle des cristaux de glace environnants. Lorsque les grains de grêle entrent en contact avec les cristaux de glace, un phénomène important se produit: des électrons circulent de l'objet le plus chaud à l'objet le plus froid. C'est alors que les grains de grêle deviennent négativement chargés. La même chose se produit lorsque des gouttelettes très froides entrent en contact avec des grains de grêle et que de minuscules éclats de glace chargés positivement se détachent. Ces particules positivement chargées, qui sont plus légères, sont alors transportées dans la partie supérieure du nuage par les courants d'air ascendants. La grêle, qui est restée avec une charge négative, descend dans la partie inférieure du nuage; cette partie devient donc négativement chargée. Ces charges négatives sont alors déchargées sous forme d'éclairs.[1] Nous pouvons conclure de cette explication que la grêle est la cause principale de la formation de l'éclair.

Ces informations sur la formation des éclairs n'ont été découvertes que récemment. Jusqu'en l'an 1600, les idées d'Aristote sur la météorologie étaient dominantes. Il croyait, par exemple, que l'atmosphère contenait deux sortes d'émanations, l'une humide, l'autre sèche. Il affirmait également que le tonnerre

---

(1) *Meteorology Today* [La météorologie d'aujourd'hui], Ahrens, p. 437.

était le bruit de la collision entre l'émanation sèche et les nuages environnants, et que l'éclair était l'inammation de l'émanation sèche à l'aide d'un faible feu de forme amincie.[1] Ce sont là quelques idées sur la météorologie qui étaient dominantes à l'époque de la révélation du Coran, il y a quatorze siècles.

H) Commentaires de quelques savants sur les miracles scientifiques du Coran:

Le texte qui suit comprend les commentaires de quelques savants sur les miracles scientifiques du Coran. Tous ces commentaires sont tirés de la cassette vidéo intitulée *This is the Truth* [Ceci est la vérité]. Dans cette cassette vidéo, nous pouvons voir et entendre les scientifiques faire les commentaires suivants.

1) Le docteur T. V. N. Persaud est professeur d'anatomie, de pédiatrie, et d'obstétrique-gynécologie et des sciences de la reproduction à l'université du Manitoba à Winnipeg, Manitoba, Canada. Il y a été le président du Département d anatomie pendant 16 ans. Il est très reconnu dans son domaine. Il est l'auteur ou l éditeur de 22 manuels et il a publié plus de 181 articles scientifiques. En 1991, il a reçu le prix le plus distingué attribué dans le domaine de l'anatomie au Canada, le J.C.B., Grand Prix de l'Association canadienne des anatomistes. Lorsqu'on l'interrogea sur les miracles scientifiques du Coran, qu'il a étudiés, il déclara ce qui suit:

"D'après ce qu'on m'a dit, Mohammed était un homme très ordinaire. Il ne savait pas lire et ne savait pas écrire; c'était un illettré. Et nous parlons d'un homme qui a vécu il y a plus de douze [en fait plutôt quatorze] siècles. Alors vous avez quelqu'un d'illettré qui fait, à propos des sciences naturelles, de profondes déclarations qui sont étonnamment exactes. Et personnellement, je ne vois pas comment cela pourrait relever du simple hasard. Il y a trop d'exactitudes et, comme le docteur Moore, je n'ai pas de difficulté à accepter l'idée que c'est une inspiration divine, ou une révélation, qui l'a amené à faire ces déclarations."

Le professeur Persaud a inclus quelques versets coraniques et hadiths du prophète Mohammed ﷺ dans certains de ses ouvrages. Il

---

(1) *The Works of Aristotle Translated into English: Meteorologica* [Les travaux d'Aristote traduits en langue anglaise: Meteorologica], vol. 3, Ross et al., pp. 369a-369b.

a également présenté ces versets et hadiths du prophète Mohammed 🕊 dans diverses conférences.

2) Le docteur Joe Leigh Simpson est président du Département d'obstétrique-gynécologie, professeur d'obstétrique-gynécologie, et professeur de génétique humaine et moléculaire au Baylor College of Medicine, à Houston, Texas, États-Unis. Auparavant, il était professeur d'obstétrique-gynécologie et président du Département d'obstétrique-gynécologie à l'Université du Tennessee à Memphis, Tennessee, États-Unis. Il a aussi été président de la Société américaine de Fertilité. Il a reçu plusieurs prix, dont, en 1992, le prix de la reconnaissance du public décerné par l'Association des professeurs d'obstétrique-gynécologie. Le professeur Simpson a étudié les deux hadiths suivants du prophète Mohammed 🕊:

{Dans chacun d'entre vous, tous les éléments de votre création sont rassemblés dans l'utérus de votre mère en l'espace de quarante jours...}[1]

{Si l'embryon dépasse le stade de quarante-deux jours, Dieu lui envoie un ange qui le façonne et crée son ouïe, sa vue, sa peau, sa chair et ses os...}[2]

Il a beaucoup étudié ces deux paroles du prophète Mohammed 🕊; il a remarqué qu'en effet, les quarante premiers jours constituent un stade que l'on peut clairement distinguer des autres stades dans la genèse de l'embryon. Il a été particulièrement impressionné par la parfaite exactitude de ces paroles du prophète Mohammed 🕊. Et, au cours d'une conférence, il a émis l'opinion suivante:

"Donc les deux hadiths (paroles du prophète Mohammed 🕊) que nous avons retenus nous fournissent un calendrier très précis du développement embryologique général durant les quarante premiers jours. Comme les autres conférenciers en ont fait la remarque à plusieurs reprises, ce matin, ces hadiths n'ont pu être révélés sur la base des connaissances scientifiques qui étaient

---

(1) Note: la profession de tous les scientifiques mentionnés sur ce site a été mise à jour pour la dernière fois en 1997.
(1) Rapporté dans Sahih Mouslim, #2643, et Sahih Al-Boukhari, #3208. Notez que ce qui est écrit entre ces accolades {...} sur notre site est la traduction des paroles du prophète Mohammed 🕊. Notez également que ce symbole # utilisé dans les notes en bas de page indique le numéro du hadith auquel on fait référence. Un hadith est un rapport fidèle transmis par les compagnons du prophète Mohammed 🕊 sur ce que ce dernier a dit, fait, ou approuvé.
(2) Rapporté dans Sahih Mouslim, #2645.

disponibles à l'époque où ils ont été écrits... Il s'ensuit, je crois, que non seulement il n'y a aucun conflit entre la génétique et la religion, mais qu'en fait, la religion peut guider la science en apportant des révélations aux approches scientifiques traditionnelles. Et il y a, dans le Coran, des déclarations dont le caractère véridique a été démontré des siècles plus tard, ce qui prouve que les connaissances scientifiques que l'on retrouve dans le Coran proviennent de Dieu.".

3) Le docteur E. Marshall Johnson est professeur émérite d'anatomie et de biologie liée au développement à l'université Thomas Jefferson à Philadelphie, Pennsylvanie, États-Unis. Il y a été, pendant 22 ans, professeur d'anatomie, président du Département d'anatomie, et directeur de l'Institut Daniel Baugh. Il a également été président de la Société de Tératologie. Il est l'auteur de plus de 200 publications. En 1981, au cours de la Septième Conférence Médicale à Dammam, en Arabie Saoudite, le professeur Johnson déclara, lors de son exposé sur son travail de recherche:

"Résumé: le Coran décrit non seulement le développement externe, mais met aussi l'accent sur les stades internes, les stades à l'intérieur de l'embryon, c'est-à-dire les stades de sa création et de son développement, et il met l'accent sur des faits importants reconnus par la science contemporaine."

Il a dit également: " En tant que scientifique, je ne m'occupe que de choses que je peux clairement voir. Je suis capable de comprendre l'embryologie et la biologie liée au développement. Je suis capable de comprendre les mots du Coran qui me sont traduits. Comme l'exemple que j'ai donné tout à l'heure, si je vivais à cette époque-là, tout en sachant ce que je sais aujourd'hui, et que je voulais décrire les choses, je serais incapable de les décrire de la façon dont elles ont été décrites. Je ne vois pas comment on pourrait réfuter l'idée voulant que cet individu, Mohammed, a dû prendre ses informations quelque part. Donc je ne vois rien, ici, qui vienne contredire le concept selon lequel ses paroles ont été prononcées sous l'influence d'une intervention divine."[1]

4) Le docteur William W. Hay est un scientifique maritime très connu. Il est professeur de sciences géologiques à l'Université du

---

(1) Le prophète Mohammed ﷺ était illettré. Il ne savait ni lire ni écrire, mais il a dicté le Coran à ses compagnons et a ordonné à certains d'entre eux de le mettre par écrit.

Colorado à Boulder, Colorado, États-Unis. Auparavant, il était le doyen de la Rosenstiel School of Marine and Atmospheric Science à l'Université de Miami à Miami, Floride, États-Unis. Après une discussion avec le professeur Hay au sujet des passages du Coran traitant de faits récemment découverts sur les mers et océans, il dit:

"Je trouve très intéressant que ce genre d'information se retrouve dans les écritures anciennes du Coran, et je n'ai aucun moyen de savoir d'où elles peuvent venir, mais je crois qu'il est extrêmement intéressant qu'elles soient là, et que ces travaux se poursuivent pour découvrir la signification de certains passages." Et quand on l'interrogea sur la provenance du Coran, il répondit: "Et bien, je crois qu'il vient de l'Être divin."

5) Le docteur Gerald C. Goeringer est directeur de programme et maître de conférences d'embryologie médicale au Département de biologie cellulaire de l'École de médecine de l'Université Georgetown à Washington DC, États-Unis. Au cours de la Huitième Conférence Médicale saoudienne à Riyadh, en Arabie Saoudite, le professeur Goeringer a déclaré ce qui suit lors de son exposé sur son travail de recherche:

"Un nombre relativement peu élevé de ayahs (versets coraniques) comprennent une description assez détaillée du développement humain, à partir du moment de l'union des gamètes à l'organogenèse. Aucun autre document aussi clair et complet sur le développement humain, incluant la classification, la terminologie et la description, n'avait existé auparavant. Dans la plupart, sinon dans tous les exemples, cette description précède de plusieurs siècles les rapports écrits sur les divers stades du développement embryonnaire et foetal enregistrés dans la littérature scientifique traditionnelle."

6) Le docteur Yoshihide Kozai est professeur émérite à l'Université de Tokyo à Hongo, Tokyo, Japon, et il a déjà été directeur de l'Observatoire astronomique national à Mitaka, Tokyo, Japon. Il a déclaré:

"Je suis très impressionné de trouver des informations astronomiques véridiques dans le Coran. Nous, astronomes modernes, avons concentré nos efforts pour arriver à comprendre de très petites parties de l'univers. Parce qu'en utilisant des télescopes, nous ne pouvons voir que de petites parties du ciel sans avoir une vision générale de l'univers tout entier. Donc, en lisant le Coran et en répondant aux questions, je crois que je peux trouver une nouvelle façon de faire des recherches sur l'univers."

7) Le professeur Tejatat Tejasen est le président du Département d'anatomie à l'Université Chiang Mai en Thaïlande. Auparavant, il était doyen de la Faculté de médecine de la même université. Au cours de la Huitième Conférence Médicale saoudienne à Riyadh, en Arabie Saoudite, le professeur Tejasen se leva et déclara:

"Durant les trois dernières années, je me suis intéressé au Coran... D'après mes études et ce que j'ai appris au cours de cette conférence, je crois que tout ce qui a été rapporté dans le Coran il y a quatorze siècles est la vérité, qui peut être prouvée par des moyens scientifiques. Comme le prophète Mohammed ne pouvait ni lire ni écrire, Mohammed est nécessairement un messager qui a transmis cette vérité, qui lui a été révélée à titre d'édification par celui qui est le Créateur. Ce Créateur est Dieu. Par conséquent, je crois qu'il est temps, pour moi, de déclarer La ilaha illa Allah, il n'y a pas d'autre dieu qui mérite d'être adoré en dehors de Dieu, *Mohammadour rasoulou Allah,* Mohammed est le messager (prophète) d'Allah (Dieu). Finalement, j'aimerais présenter mes félicitations pour la très réussie et excellente organisation de cette conférence... Cette conférence m'a beaucoup apporté du point de vue scientifique et religieux, et j'ai eu l'occasion de rencontrer plusieurs scientifiques très connus et de me faire plusieurs nouveaux amis parmi les participants. Et la chose la plus précieuse que j'ai gagnée en venant à cette conférence est *La ilaha illa Allah, Mohammadour rasoulou Allah,* et d'être devenu musulman."

Après tous ces exemples de miracles scientifiques du Coran que nous venons de voir, et tous ces commentaires de savants à ce sujet, posons-nous les questions suivantes:

- N'est-ce qu'un hasard si toutes ces informations scientifiques récemment découvertes ont été mentionnées dans le Coran, qui a été révélé il y a plus de quatorze siècles?
- Ce Coran a-t-il pu être écrit par Mohammed e ou par n'importe quel autre être humain?

La seule réponse possible est que ce Coran est nécessairement la parole de Dieu, révélée par Lui.

(2) Le grand défi de produire un seul chapitre semblable aux chapitres du Coran

Dieu dit, dans le Coran:

❮ Si vous avez un doute sur ce que Nous avons révélé (le Coran) à Notre serviteur, tâchez donc de produire une sourate (chapitre) semblable et appelez vos témoins, que vous adorez en dehors de Dieu, si vous êtes véridiques. Si vous n'y parvenez pas (et à coup sûr vous n'y parviendrez jamais), parez-vous donc contre le feu qu'alimenteront les infidèles. Annonce à ceux qui croient et pratiquent de bonnes oeuvres qu'ils auront pour demeures des jardins sous lesquels coulent les ruisseaux...❯

(Coran, 2:23-25)

Depuis que le Coran a été révélé, il y a quatorze siècles, personne n'a été capable de produire un seul chapitre semblable aux chapitres du Coran et d'imiter leur beauté, leur éloquence, leur magnificence, leur sage législation, leurs informations véridiques, leurs prophéties exactes, et leurs autres parfaits attributs. Il est aussi à souligner que le plus court chapitre du Coran (chapitre 108) ne contient que

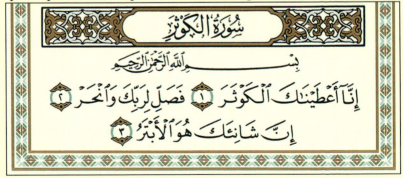

Le plus court chapitre du Coran (chapitre 108) ne contient que dix mots, mais personne n'a jamais été en mesure de produire ne serait-ce qu'un chapitre semblable aux chapitres du Coran.

dix mots, et malgré cela, personne n'a jamais réussi à relever ce défi, dans le passé comme de nos jours.[1] Quelques-uns des Arabes mécréants, ennemis du prophète Mohammed, tentèrent de relever ce défi dans le but de prouver que Mohammed était un faux prophète, mais ils n'y parvinrent pas.[2] Ils échouèrent en dépit du fait que le Coran eût été révélé dans leur propre langue et dialecte, et que les Arabes, à l'époque de Mohammed, étaient reconnus pour être des gens très éloquents qui faisaient de la très belle et excellente poésie qui est toujours lue et appréciée de nos jours.

(3) Les prophéties bibliques sur la venue de Mohammed, le prophète de l'islam

Pour ceux qui croient à la Bible, les prophéties bibliques sur la venue du prophète Mohammed e constituent des preuves que l'islam est une religion véridique.

Dans Deutéronome 18, Moïse rapporte que Dieu lui a dit: **"Je leur susciterai, du milieu de leurs frères, un prophète semblable à toi, je mettrai mes paroles dans sa bouche et il leur dira tout ce que je lui commanderai. Si un homme n'écoute pas mes paroles que ce prophète aura prononcées en mon nom, alors c'est moi-même qui en demanderai compte à cet homme."** (Deutéronome 18:18-19).[3]

De ces versets nous pouvons conclure que le prophète dont il est question dans cette prophétie doit avoir les trois caractéristiques suivantes:

1) Il sera comme Moïse.
2) Il sera issu des frères des Israélites, c'est-à-dire les Ismaélites.
3) Dieu mettra Ses paroles dans la bouche de ce prophète et ce dernier dira tout ce que Dieu lui commandera.

Étudions ces trois caractéristiques de plus près:

---

(1) Voir Al-Borhan fi Oloom Al-Quran, Al-Zarkashy, vol. 2, p. 224.
(2) Voir Al-Borhan fi Oloom Al-Quran, Al-Zarkashy, vol. 2, p. 226.
(3) Tous les versets cités sur cette page sont tirés de "La Bible de Jérusalem" publiée aux éditions du Cerf, Paris.

1) Un prophète comme Moïse:

Il n'y eut guère deux prophètes qui se ressemblèrent autant que Moïse et Mohammed ﷺ. Ils reçurent tous deux une loi et un code de vie détaillés. Ils affrontèrent tous deux leurs ennemis et obtinrent la victoire de façon miraculeuse. Ils furent tous deux acceptés comme prophètes et hommes d'état. Ils émigrèrent tous deux suite à une conspiration pour les assassiner. Si nous faisions des analogies entre Moïse et Jésus, elles ne pourraient inclure celles mentionnées ci-dessus, pas plus que d'autres similarités cruciales telles que la naissance, la vie familiale et la mort de Moïse et de Mohammed, qui ne s'appliquent pas à Jésus. De plus, Jésus était considéré par ses disciples comme le Fils de Dieu et non comme un simple prophète de Dieu, comme l'étaient Moïse et Mohammed ﷺ, et tel que les musulmans considèrent qu'il était. Donc, cette prophétie s'applique au prophète Mohammed ﷺ et non pas à Jésus, car Mohammed ﷺ ressemblait plus à Moïse qu'à Jésus.

Par ailleurs, on remarque que dans l'Évangile selon Jean, les Juifs attendaient la réalisation de trois prophéties distinctes. La première était la venue du Christ. La deuxième était la venue d'Élie. Et la troisième était la venue du Prophète. C'est ce que nous comprenons lorsque nous considérons les trois questions qui furent posées à Jean le Baptiste: **"Voici quel fut le témoignage de Jean, quand les Juifs envoyèrent de Jérusalem des prêtres et des lévites pour lui demander: "Qui es-tu?". Il confessa, il ne nia pas, il confessa: "Je ne suis pas le Christ.". "Quoi donc? lui demandèrent-ils. Es-tu Élie?". Il dit: "Je ne le suis pas.". "Es-tu le Prophète?" Il répondit: "Non.". (Jean, 1:19-21)**. Si nous consultons une Bible qui contient des renvois en bas de pages, nous trouverons, dans les notes au sujet du mot **"le Prophète"**, dans **Jean 1:21**, que ce mot fait référence à la prophétie de **Deutéronome 18:15** et **18:18**.[1] Nous en concluons donc que Jésus-Christ n'est pas le prophète dont il est fait mention dans **Deutéronome 18:18**.

2) Issu des frères des Israélites:

Abraham eut deux fils, Ismaël et Isaac **(Genèse 21)**. Ismaël devint l'aïeul du peuple arabe, et Isaac devint l'aïeul du peuple juif. Le prophète dont il est fait mention n'était pas censé venir des juifs, mais de leurs frères, c'est-à-dire les Ismaélites. Mohammed ﷺ, qui est un descendant d'Ismaël, est vraiment ce prophète.

---

(2) Voir la note en bas de page de la Bible de Jérusalem, au verset 1:21, p.1398.

De plus, dans **Isaïe 42:1-13** on parle du serviteur de Dieu, Son "élu" qui apporte la loi aux nations. **"Il ne vacille ni n'est découragé, jusqu'à ce que le droit (la loi) soit établi sur terre, car les îles attendent ses instructions."** (Isaïe, 42-4). Le verset 11 associe celui qui est attendu aux descendants de Qédar. Qui est Qédar? Selon Genèse 25:13, Qédar était le second fils d'Ismaël, l'ancêtre du prophète Mohammed ﷺ.

3) Dieu mettra Ses paroles dans la bouche de ce prophète:

Les paroles de Dieu (le Coran) furent vraiment mises dans la bouche de Mohammed ﷺ. Dieu a envoyé l'Ange Gabriel à Mohammed ﷺ pour lui enseigner Ses paroles exactes (le Coran), et Gabriel a demandé à Mohammed ﷺ de les dicter telles qu'il les entendait à son peuple. Les paroles n'étaient donc pas les siennes. Elles n'étaient pas l'expression de ses propres pensées, mais furent mises dans sa bouche par l'Ange Gabriel. Du vivant de Mohammed ﷺ, et sous sa supervision, ces paroles furent mémorisées et mises par écrit par ses compagnons.

De plus, cette prophétie que l'on retrouve dans le **Deutéronome** mentionne le fait que ce prophète prononcera les paroles de Dieu en Son nom. Si nous regardons dans le Coran, nous verrons que tous ses chapitres, sauf le chapitre 9, sont précédés ou commencent avec la formule "Au nom de Dieu, le tout miséricordieux, le très miséricordieux." Un autre signe (en plus de la prophétie dans le **Deutéronome**) est qu'Isaïe associe le messager relié à Qédar avec un cantique nouveau (une écriture dans un langage nouveau) qui sera chanté à Dieu (**Isaïe, 42:10-11**). Cela est mentionné de façon plus claire dans la prophétie d'Isaïe: **"... et en langue étrangère qu'il va parler à ce peuple"** (Isaïe, 28:11). Un autre point connexe est que le Coran fut révélé en plusieurs sections sur une période de vingt-trois ans. Il est intéressant de comparer cela avec **Isaïe 28** qui parle de la même chose: **"... quand il dit: "ordre sur ordre, ordre sur ordre, règle sur règle, règle sur règle, un peu par-ci, un peu par-là."** (Isaïe, 28:10).

Remarquez que Dieu a dit, dans la prophétie du **Deutéronome 18**: **"Si un homme n'écoute pas mes paroles que ce prophète aura prononcées en mon nom, alors c'est moi-même qui en demanderai compte à cet homme."** (Deutéronome 18:19). Cela signifie que quiconque croit à la Bible doit nécessairement croire ce que ce prophète dit, et ce prophète est le prophète Mohammed ﷺ.

(4) Les versets du Coran qui font mention d'événements à venir qui se sont réalisés par la suite

Un exemple des événements prédits dans le Coran est la victoire des Romains sur les Perses dans les trois à neuf années suivant leur défaite. Dieu a dit, dans le Coran:

> Dieu dit, dans le Coran:
> ❮ Les Romains ont été vaincus dans le pays voisin (de la Péninsule arabe), et après leur défaite ils seront les vainqueurs, dans quelques années (trois à neuf ans)... ❯
> **(Coran, 30:2-4)**

Voyons ce que nous dit l'histoire au sujet de ces guerres. Dans un livre intitulé History of the Byzantine State (Histoire de l'État byzantin), il est dit que l'armée romaine subît une sévère défaite à Antioche en 613, et en conséquence, les Perses avancèrent rapidement de tous côtés.[1] À ce moment-là, il était difficile d'imaginer que les Romains pussent vaincre les Perses, mais le Coran prédit que les Romains seraient victorieux dans une période de trois à neuf ans. En 622, neuf ans après la défaite des Romains, les deux puissances (Romains et Perses) s'affrontèrent sur le sol arménien, et le résultat fut la victoire décisive des Romains sur les Perses, pour la première fois depuis leur défaite en 613.[2] La prophétie se réalisa comme Dieu l'avait dit dans le Coran.

Il y a plusieurs autres versets coraniques et hadiths du prophète Mohammed ﷺ qui font mention d'événements à venir qui se sont réalisés par la suite.

---

(1) *History of the Byzantine State* [Histoire de l'État byzantin], Ostrogorsky, p. 95.
(2) *History of the Byzantine State* [Histoire de l'État byzantin], Ostrogorsky, pp. 100-101, et *History of Persia* [Histoire de la Perse], Sykes, vol. 1, pp. 483-484. Voir aussi *The New Encyclopaedia Britannica* [La nouvelle encyclopédie Britannica], Micropaedia vol. 4, p. 1036.

(5) Les miracles accomplis par le prophète Mohammed ﷺ

Par la volonté de Dieu, plusieurs miracles ont été accomplis par le prophète Mohammed ﷺ. De nombreuses personnes furent témoins de ces miracles. Par exemple:

- Lorsque les mécréants de la Mecque demandèrent au prophète Mohammed ﷺ de leur faire voir un miracle, il leur fit voir la lune se diviser en deux.[1]
- Un autre miracle fut l'eau jaillissant d'entre les doigts de Mohammed ﷺ lorsque ses compagnons eurent soif et qu'ils n'avaient qu'un peu d'eau dans un récipient. Ils vinrent le voir et lui dirent qu'ils n'avaient pas d'eau à boire ni pour faire leurs ablutions, à part ce qu'il y avait dans le récipient. Alors Mohammed ﷺ mit sa main dans le récipient, et l'eau se mit à jaillir d'entre ses doigts. Ils purent donc boire et faire leurs ablutions. Ils étaient mille cinq cents compagnons.[2]

Il y a plusieurs autres miracles qui lui arrivèrent ou qui furent accomplis par lui.

---

(1) Rapporté dans *Sahih Al-Boukhari*, #3637, et *Sahih Mouslim*, #2802.
(2) Rapporté dans *Sahih Al-Boukhari*, #3576, et *Sahih Mouslim*, #1856.

6) Le mode de vie simple de Mohammed ﷺ

Si nous comparons le mode de vie de Mohammed ﷺ avant sa mission comme prophète et son mode de vie après le début de sa mission, nous en conclurons qu'il n'est pas raisonnable de croire que Mohammed ﷺ était un faux prophète, qui prétendait avoir reçu la prophétie dans le but d'acquérir des biens matériels, de l'importance, de la gloire ou du pouvoir.

Avant sa mission comme prophète, Mohammed ﷺ n'avait aucun souci financier. En tant que marchand réputé et prospère, Mohammed ﷺ gagnait un salaire satisfaisant et suffisant. Après le début de sa mission comme prophète, et à cause de cette mission, sa situation matérielle se détériora. Pour illustrer ce point, voici quelques hadiths sur son mode de vie:

- A'isha, la femme de Mohammed ﷺ, a dit: "Ô mon neveu, il nous arrivait de voir passer trois nouvelles lunes en deux mois sans que nous ayons allumé un feu (pour cuisiner) dans la maison du Prophète ﷺ." Son neveu demanda: "Ô ma tante, de quoi vous nourrissiez-vous?" Elle dit: "Les deux choses noires, les dattes et l'eau, mais le Prophète ﷺ avait des voisins Ansar qui possédaient des chamelles qui allaitaient, et ils envoyaient un peu de leur lait au Prophète ﷺ."[1]
- Sahl Ibn Sa'ad, un des compagnons de Mohammed ﷺ, a dit: "Le prophète de Dieu ﷺ n'a pas vu de pain fait de farine raffinée du moment où Dieu lui a confié la mission de prophète jusqu'à sa mort."[2]
- A'isha, la femme de Mohammed ﷺ, a dit: "Le matelas du Prophète ﷺ, sur lequel il dormait, était fait de cuir rembourré avec des fibres de palmier."[3]
- Amr Ibn Al-Hareth, un des compagnons de Mohammed ﷺ, a dit que lorsque le Prophète ﷺ est mort, il n'a laissé ni argent ni quoi que ce soit d'autre à part sa mule blanche qu'il montait, ses armes, et une parcelle de terre qu'il laissa en charité.[4]

---

(1) Rapporté dans *Sahih Mouslim*, #2972, et *Sahih Al-Boukhari*, #2567.
(2) Rapporté dans *Sahih Al-Boukhari*, #5413, et *Al-Tirmizi*, #2364.
(3) Rapporté dans *Sahih Mouslim*, #2082, et *Sahih Al-Boukhari*, #6456.
(4) Rapporté dans *Sahih Al-Boukhari*, #2739, et *Mosnad Ahmad*, #17990.

Mohammed ﷺ a vécu cette vie difficile jusqu'à sa mort en dépit du fait que la trésorerie musulmane était à sa disposition, que la plus grande partie de la Péninsule arabe était musulmane avant sa mort, et que les musulmans étaient victorieux après dix-huit ans de sa mission.

Est-il possible que Mohammed ﷺ ait pu prétendre être prophète dans le but d'acquérir du prestige, de l'importance et du pouvoir? Le désir de jouir du prestige et du pouvoir est habituellement associé à la bonne chère, aux beaux habits, aux palais monumentaux, aux gardes pittoresques, et à une autorité incontestable. Est-ce que l'une ou l'autre de ces choses s'applique à Mohammed ﷺ? Voici un aperçu de sa vie qui peut nous aider à répondre à cette question.

Malgré ses responsabilités en tant que prophète, enseignant, homme d'État et juge, Mohammed ﷺ trayait sa chèvre,[1] raccommodait ses vêtements, réparait ses souliers,[2] participait aux tâches ménagères,[3] et visitait les pauvres lorsqu'ils étaient malades.[4] Il aida aussi ses compagnons à creuser une tranchée en retirant le sable avec eux.[5] Sa vie était un modèle étonnant de simplicité et d'humilité.

Les disciples de Mohammed ﷺ l'aimaient, le respectaient, et lui faisaient confiance jusqu'à un degré étonnant. Pourtant, il continua à mettre l'accent sur l'importance de ne déifier que Dieu et non lui personnellement. Anas, un des compagnons de Mohammed ﷺ, a dit qu'ils n'aimaient personne autant que le prophète Mohammed ﷺ et pourtant, lorsqu'il venait à eux, ils ne se levaient pas pour lui, parce qu'il détestait qu'ils se lèvent pour lui[6] comme le font certains peuples pour leurs nobles.

Bien avant qu'il n'y eût quelque perspective de succès en vue pour l'islam, et au début d'une longue et pénible ère de tortures, de souffrances, et de persécutions subies par Mohammed ﷺ et ses disciples, il reçut une offre intéressante. Un envoyé des chefs

---

(1) Rapporté dans *Mosnad Ahmad*, #25662.
(2) Rapporté dans *Sahih Al-Boukhari*, #676, et *Mosnad Ahmad*, #25517.
(3) Rapporté dans *Sahih Al-Boukhari*, #676, et *Mosnad Ahmad*, #23706.
(4) Rapporté dans *Mowatta' Malek*, #531.
(5) Rapporté dans *Sahih Al-Boukhari*, #3034, *Sahih Mouslim*, #1803, et *Mosnad Ahmad*, #18017.
(6) Rapporté dans *Mosnad Ahmad*, #12117, et *Al-Tirmizi*, #2754.

païens, Otba, vint à lui et lui dit: "Si tu veux de l'argent, nous amasserons pour toi assez d'argent pour que tu sois le plus riche d'entre nous. Si c'est le leadership que tu veux, nous te prendrons comme chef et nous ne prendrons jamais de décision au sujet de quoi que ce soit sans ton approbation. Si tu veux un royaume, nous te couronnerons roi..." On demandait à Mohammed ﷺ de ne faire qu'une concession en échange de tout cela: c'était de cesser d'appeler les gens à l'islam et à n'adorer que Dieu sans Lui attribuer d'associés. Cette offre ne serait-elle pas apparue tentante à quelqu'un recherchant les privilèges de ce monde? Mohammed ﷺ était-il hésitant lorsqu'on lui fit cette offre? L'a-t-il refusée par stratégie de marchandage pour laisser la porte ouverte à une meilleure offre? Voici ce que fut sa réponse: **{Au nom de Dieu, le tout miséricordieux, le très miséricordieux}**, et il récita à Otba les versets du Coran 41:1-38.[1] Voici quelques-uns de ces versets:

> ❮ **C'est une révélation descendue de la part du Tout Miséricordieux, du Très Miséricordieux. Un Livre dont les versets sont détaillés et clairement exposés, un Coran en arabe pour des gens qui savent, annonciateur d'une bonne nouvelle et avertisseur. Mais la plupart d'entre eux se détournent; c'est qu'ils n'entendent pas.** ❯
> (Coran, 41:2-4)

À une autre occasion, et en réponse aux supplications de son oncle qui lui demandait d'arrêter d'appeler les gens à l'islam, la réponse de Mohammed e fut tout aussi décisive et sincère: **{Je jure par le nom de Dieu, Ô mon oncle! que s'ils mettent le soleil dans ma main droite et la lune dans ma main gauche pour que j'abandonne cela (appeler les gens à l'islam), je ne cesserai jamais jusqu'à ce que Dieu fasse triompher l'islam ou que je périsse en le défendant.}**[2]

Non seulement Mohammed ﷺ et ses quelques disciples souffrirent-ils de persécutions pendant treize ans, mais les mécréants tentèrent

---

(1) *Al-Serah Al-Nabaweyyah*, Ibn Hesham, vol. 1, pp. 293-294.
(2) *Al-Serah Al-Nabaweyyah*, Ibn Hesham, vol. 1, pp. 265-266.

de tuer Mohammed ﷺ à plusieurs reprises. À une occasion, ils tentèrent de le tuer en jetant sur sa tête un énorme rocher, si gros qu'il pouvait à peine être soulevé.¹ Une autre fois, ils essayèrent de le tuer en empoisonnant sa nourriture.² Qu'est-ce qui pouvait bien justifier une telle vie de souffrances et de sacrifices, même après qu'il fût devenu tout à fait triomphant de ses adversaires? Comment expliquer l'humilité et la magnanimité qu'il démontra dans ses moments les plus glorieux, durant lesquels il maintenait que le succès n'était dû qu'à l'aide de Dieu et non pas à son propre génie? Est-ce que ce sont là les caractéristiques d'un homme égocentrique ou assoiffé de pouvoir?

(7) L'expansion phénoménale de l'islam

À la fin de ce chapitre, nous aimerions souligner un signe important qui indique le caractère véridique de l'islam. C'est un fait connu qu'aux États-Unis, l'islam est la religion dont l'expansion est la plus rapide. Voici quelques observations sur ce phénomène:

- "L'islam est la religion dont l'expansion est la plus rapide en Amérique, c'est un guide et un pilier de stabilité pour plusieurs de nos citoyens..." (Hillary Rodham Clinton, Los Angeles Times).³

- "Les musulmans constituent le groupe qui prend de l'expansion le plus rapidement dans le monde..." (The Population Reference Bureau, USA Today).⁴

- "...L'islam est la religion dont l'expansion est la plus rapide au pays." (Geraldine Baum; Rédactrice de la chronique religieuse de Newsday).⁵

---

(1) *Al-Serah Al-Nabaweyyah*, Ibn Hesham, vol. 1, pp. 298-299.
(2) *Rapporté dans Al-Daremey*, #68, et *Abou-Dawood*, #4510.
(3) Larry B. Stammer, chroniqueur religieux pour le Times, "First Lady Breaks Ground With Muslims," [La première dame crée des liens avec les musulmans] *Los Angeles Times*, Home Edition, Section "Metro", partie B, 31 mai 1996, p. 3.
(4) Timothy Kenny, "Elsewhere in the World," [Ailleurs dans le monde] *USA Today*, Final Edition, Section "News", 17 février 1989, p. 4A.
(5) Geraldine Baum, "For Love of Allah," [Pour l'amour d'Allah] *Newsday*, Nassau and Suffolk Edition, Partie II, 7 mars 1989, p. 4.

- "L'islam, la religion dont l'expansion est la plus rapide aux États-Unis..." (Ari L. Goldman, New York Times).[1]

Ce phénomène indique que l'islam est vraiment une religion provenant de Dieu. Il ne serait pas raisonnable de penser qu'autant d'Américains se soient convertis à l'islam sans l'avoir soigneusement considéré et profondément médité, avant de conclure que l'islam est la vérité. Ces Américains proviennent de différentes classes, races et conditions sociales. Il y a parmi eux des scientifiques, des professeurs, des philosophes, des journalistes, des politiciens, des acteurs et des athlètes.

Les points mentionnés dans ce chapitre ne constituent que quelques-unes des preuves en faveur de la croyance selon laquelle le Coran est la parole de Dieu, Mohammed e est vraiment un prophète envoyé par Dieu, et l'islam est véritablement une religion provenant de Dieu.

---

(1) Ari L. Goldman, "Mainstream Islam Rapidly Embraced By Black Americans," [De plus en plus de noirs américains embrassent l'islam orthodoxe] *New York Times*, Late City Final Edition, 21 février 1989, p. 1.

CHAPITRE 2

QUELQUES BIENFAITS DE L'ISLAM

L'islam apporte plusieurs bienfaits aux individus et à la société. Dans ce chapitre, nous mentionnerons certains des bienfaits qu'apporte l'islam aux individus.

(1) La voie vers le Paradis éternel

Dieu a dit, dans le Coran:

> ❰ Annonce (Ô Mohammed) à ceux qui croient et pratiquent de bonnes oeuvres qu'ils auront pour demeures des jardins (Paradis) sous lesquels coulent les ruisseaux... ❱
> (Coran, 2:25)

Dieu a également dit:

> ❰ Hâtez-vous vers un pardon de votre Seigneur ainsi qu'un Paradis aussi large que le ciel et la terre, préparé pour ceux qui ont cru en Dieu et en Ses messagers. ❱
> (Coran, 57:21)

Le prophète Mohammed ﷺ nous a dit que celui qui sera au rang le plus bas, parmi les habitants du Paradis, aura dix fois l'équivalent du monde d'ici-bas,[1] et il aura tout ce qu'il désire, multiplié par dix.[2] Le prophète Mohammed ﷺ a aussi dit: {Un espace, au Paradis, dont la grandeur équivaut à un pied, serait meilleur que le monde entier et tout ce qu'il contient.}[3] Il a également dit: {Au Paradis, il y a des choses qu'aucun oeil n'a jamais vues, qu'aucune oreille n'a jamais entendues, et qu'aucun esprit humain n'a jamais imaginées.}[4] Et il a encore dit: {L'homme le plus misérable de ce monde, parmi

---

(1) Rapporté dans *Sahih Mouslim*, #186, et *Sahih Al-Boukhari*, #6571.
(2) Rapporté dans *Sahih Mouslim*, #188, et *Mosnad Ahmad*, #10832.
(3) Rapporté dans *Sahih Al-Boukhari*, #6568, et *Mosnad Ahmad*, #13368.
(4) Rapporté dans *Sahih Mouslim*, #2825, et *Mosnad Ahmad*, #8609.

ceux qui sont destinés au Paradis, sera plongé un court instant au Paradis, puis il lui sera dit: "Ô fils d'Adam, as-tu jamais éprouvé quelque misère? As-tu jamais affronté d'épreuves? Alors il dira: "Non, mon Dieu, mon Seigneur! Je n'ai jamais éprouvé de misère et je n'ai jamais affronté d'épreuves!"}[1]

Si vous entrez au Paradis, vous vivrez une vie très heureuse, exempte de maladies, de souffrances, de tristesse, ou de mort; Dieu sera satisfait de vous et vous y demeurerez éternellement. Dieu a dit, dans le Coran:

> ❰ Et quant à ceux qui ont cru et fait de bonnes oeuvres, bientôt Nous les ferons entrer aux Jardins sous lesquels coulent des ruisseaux. Ils y demeureront éternellement. ❱
>
> (Coran, 4:57)

(2) Une sauvegarde contre le feu de l'Enfer

Dieu a dit, dans le Coran:

> ❰ Ceux qui ne croient pas et qui meurent mécréants, il ne sera jamais accepté d'aucun d'eux de se racheter, même si pour cela il donnait le contenu, en or, de toute la terre. Ils auront un châtiment douloureux, et ils n'auront point de secoureurs. ❱. (Coran, 3:91)

Cette vie est donc notre seule chance de gagner le Paradis et d'échapper au feu de l'Enfer, car si une personne meurt mécréante, elle n'aura pas une seconde chance de revenir dans ce monde et d'être croyante. Dans le Coran, Dieu parle de ce qui arrivera aux mécréants au Jour du Jugement:

> ❰ Si tu les voyais, quand ils seront placés devant le Feu. Ils diront alors: "Hélas! Si nous pouvions être renvoyés sur la terre, nous ne traiterions plus de mensonges les versets de notre Seigneur et nous serions du nombre des croyants." ❱ (Corán, 6:27)

Mais personne n'aura cette seconde chance.

---

(1) Rapporté dans *Sahih Mouslim*, #2807, et *Mosnad Ahmad*, #12699.

Le prophète Mohammed ﷺ a dit: {L'homme le plus heureux de ce monde, parmi ceux destinés au feu de l'Enfer, sera plongé un court instant dans le feu au Jour du Jugement. Il lui sera alors demandé: "Ô fils d'Adam, as-tu jamais goûté à quoi que ce soit de bien? As-tu jamais connu quelque bienfait?" Et il répondra: "Non, mon Dieu, mon Seigneur!"}[1]

(3) Le véritable bonheur et la paix intérieure

Le véritable bonheur et la paix intérieure découlent de notre soumission aux commandements du Créateur et Seigneur de ce monde. Dieu a dit, dans le Coran:

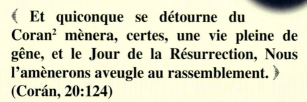

❴N'est-ce point par l'évocation de Dieu que se tranquillisent les coeurs?❵ (Coran, 13:28)

Par contre, celui qui se détourne du Coran aura une vie éprouvante ici-bas. Dieu a dit:

❴ Et quiconque se détourne du Coran[2] mènera, certes, une vie pleine de gêne, et le Jour de la Résurrection, Nous l'amènerons aveugle au rassemblement. ❵ (Corán, 20:124)

Cela peut expliquer pourquoi certaines personnes se suicident alors qu'elles jouissent du confort matériel que peut acheter l'argent. Par exemple, Cat Stevens (qui s'appelle maintenant Yousouf Islam) était un chanteur très populaire qui gagnait parfois jusqu'à 150 000$ par soir. Après sa conversion à l'islam, il a trouvé le véritable bonheur et la paix intérieure qu'il n'avait pu trouver dans la réussite matérielle.[3]

---

(1) Rapporté dans *Sahih Mouslim*, #2807, et *Mosnad Ahmad*, #12699.
(2) c'est-à-dire qui ne croit pas au Coran et qui ne met pas ses commandements en pratique.
(3) Voici l'adresse actuelle de Cat Stevens (Yousouf Islam), au cas où vous voudriez lui poser des questions (en anglais) sur sa conversion à l'islam: 2 Digswell Street, London N7 8JX, United Kingdom.

(4) Le pardon de tous les péchés commis dans le passé

Lorsqu'une personne se convertit à l'islam, Dieu lui pardonne tous les péchés et les mauvaises actions qu'elle a commis dans le passé. **Un homme nommé Amr vint voir le prophète Mohammed et lui dit: "Donne-moi ta main droite pour que je puisse te faire un serment d'allégeance." Le Prophète e tendit sa main droite. Amr retira sa main. Le Prophète dit: {Que t'arrive-t-il, Ô Amr?} Il répondit: "J'aimerais poser une condition." Le Prophète demanda: {Quelle condition veux-tu émettre?} Amr dit:"Que Dieu me pardonne mes péchés." Le Prophète dit: {Ne sais-tu pas que la conversion à l'islam efface tous les péchés commis dans le passé?}**[1]

À partir du moment où une personne se convertit à l'islam, elle est récompensée pour ses bonnes actions, et ses mauvaises actions sont inscrites, suivant le hadith du prophète Mohammed dans lequel il dit: {**Votre Seigneur, le Très-Haut et glorifié, est très miséricordieux. Si quelqu'un a l'intention de faire une bonne action mais n'est pas en mesure de la réaliser, Dieu la lui inscrit comme une bonne action. S'il l'exécute, Dieu lui inscrit pour elle une bonne action multipliée de dix à sept cents fois et davantage encore. S'il a l'intention de commettre une mauvaise action et qu'il ne la fait pas, Dieu la lui inscrit comme une bonne action. Et s'il exécute la mauvaise action, Dieu la lui inscrit comme une seule mauvaise action, ou alors Il l'efface.**}[2]

---

(1) Rapporté dans *Sahih Mouslim*, #121, et *Mosnad Ahmad*, #17357.
(2) Rapporté dans *Mosnad Ahmad*, #2515, et *Sahih Mouslim*, #131.

CHAPITRE 3
INFORMATIONS GÉNÉRALES SUR L'ISLAM

Qu'est-ce que l'islam?

L'islam, c'est accepter les enseignements de Dieu, qu'Il a révélés à Son dernier prophète, Mohammed ﷺ, et s'y soumettre volontairement.

Quelques croyances islamiques de base

1) Croyance en Dieu:

Les musulmans croient en un seul Dieu, qui est unique et incomparable, qui n'a pas de fils ni de partenaire, et ils croient que personne ni rien n'a le droit d'être adoré à part Lui, et Lui seul. Il est le véritable Dieu, et toutes les autres divinités sont fausses. Il possède les noms les plus magnifiques et Ses attributs sont sublimes et parfaits. Personne ne partage Sa divinité ni Ses attributs. Dans le Coran, Dieu se décrit Lui-même en ces termes:

> ﴿ Dis: "Il est Dieu, Unique. Dieu, Le seul à être imploré pour ce que nous désirons. Il n'a jamais engendré, n'a pas été engendré non plus. Et nul n'est égal à Lui.". ﴾
> (Coran, 112:1-4)

Personne n'a le droit d'être invoqué, imploré, prié, ou être l'objet de quelque acte d'adoration à part Dieu.

Seul Dieu est le Tout-Puissant, le Créateur,

Le chapitre 112 du Coran, écrit en calligraphie arabe.

le Souverain, et le Seigneur de tout ce que contient l'univers entier. Il dirige toutes les affaires. Il n'a besoin d'aucune de Ses créatures, mais toutes Ses créatures dépendent de Lui pour tout ce dont elles ont besoin. Il est Celui qui entend tout, qui voit tout, et qui sait tout. D'une façon parfaite, Son savoir embrasse toute chose, ce qui est manifeste et ce qui est secret, ce qui est public et ce qui est privé. Il connaît les choses du passé, les choses qui arriveront, et comment elles arriveront. Rien n'arrive en ce monde si ce n'est par Sa volonté. Tout ce qu'Il décide arrive, et tout ce qu'Il refuse n'arrive pas et n'arrivera jamais. Sa volonté est au-dessus de celle de toutes les créatures. Il a le pouvoir sur toute chose, et Il est capable de tout faire. Il est le Très Miséricordieux, le Très Clément, et le Très Bienfaisant. Dans un des hadiths du prophète Mohammed ﷺ, il est dit que Dieu est plus miséricordieux envers Ses créatures que ne l'est une mère envers son enfant.[1] Dieu est très loin de l'injustice et de la tyrannie. Il est Très-Sage dans toutes Ses actions et Ses décrets. Si quelqu'un veut demander quelque chose à Dieu, il ou elle peut le Lui demander directement, sans avoir à demander à qui que ce soit d'intercéder auprès de Lui en sa faveur.

Dieu n'est pas Jésus, et Jésus n'est pas Dieu.[2] Jésus lui-même a rejeté cette idée. Dieu a dit, dans le Coran:

> ❰ Ce sont, certes, des mécréants ceux qui disent: "En vérité, Dieu c'est le Messie, fils de Marie." Alors que le Messie a dit: "Ô enfants d'Israël, adorez Dieu, mon Seigneur et votre Seigneur". Quiconque associe à Dieu d'autres divinités, Dieu lui interdit le Paradis; et son refuge sera le Feu. Et pour les

---

1) Rapporté dans Sahih Mouslim, #2754, et Sahih Al-Boukhari, #5999.
(2) L'Associated Press, à Londres, rapportait, le 25 Juin 1984, qu'une majorité d'évêques anglicans, qui furent sondés par une émission de télévision, ont dit: "Les chrétiens ne sont pas obligés de croire que Jésus-Christ était Dieu." Le sondage fut mené auprès de 31 des 39 évêques d'Angleterre. Le rapport mentionnait également que 19 des 31 évêques disaient qu'il était suffisant de considérer Jésus comme "le représentant suprême de Dieu." Le sondage fut mené par une émission religieuse hebdomadaire intitulée "Credo", de la London Weekend Television.

injustes,[1] pas de secoureurs! ❩ (Coran, 5:72)

Dieu n'est pas une trinité. Il a dit, dans le Coran:

❨ Ce sont certes des mécréants, ceux qui disent: "En vérité, Dieu est le troisième de trois." Alors qu'il n'y a de divinité que Dieu. Et s'ils ne cessent de le dire, certes, un châtiment douloureux touchera les mécréants parmi eux. Ne vont-ils donc pas se repentir à Dieu et implorer Son pardon? Car Dieu est Pardonneur et Miséricordieux. Le Messie, fils de Marie, n'était qu'un Messager... ❩ (Coran, 5:73-75)

L'islam rejette les idées voulant que Dieu se soit reposé au septième jour de la création, qu'Il ait lutté avec un de Ses anges, qu'Il soit un envieux conspirateur contre l'humanité, ou qu'Il soit incarné dans quelque être humain que ce soit. L'islam rejette également le fait d'attribuer à Dieu quelque forme humaine que ce soit. Toutes ces idées sont considérées comme blasphématoires. Dieu est le Très-Haut. Il est loin de toute imperfection. Il n'est jamais fatigué. Il ne devient jamais somnolent et Il ne dort pas.

Le mot arabe *Allah* signifie "Dieu" (le seul et unique Dieu véritable qui a créé tout l'univers). Ce mot, *Allah*, est un nom pour désigner Dieu qui est utilisé par les arabophones, qu'ils soient Arabes musulmans ou Arabes chrétiens. Ce mot ne peut être utilisé pour désigner qui que ce soit ou quoi que ce soit d'autre que le seul Dieu véritable. Le mot arabe Allah est mentionné plus de 2150 fois dans le Coran. En araméen, une langue qui est proche parente de l'arabe et que Jésus parlait,[2] Dieu est également appelé Allah.

2) Croyance aux anges:

Les musulmans croient à l'existence des anges et croient qu'ils sont d'honorables créatures. Les anges n'adorent que Dieu, Lui obéissent, et n'agissent que sur Ses ordres. Parmi les anges, mentionnons Gabriel, qui a descendu le Coran à Mohammed ﷺ.

---

(1) Les injustes incluent les polythéistes.
(2) *NIV Compact Dictionary of the Bible* [Dictionnaire abrégé de la Bible], Douglas, p. 42.

3) Croyance dans les livres révélés de Dieu:

Les musulmans croient que Dieu a révélé des livres à Ses messagers afin qu'ils servent de preuves et de guides à l'humanité. Parmi ces livres, il y a le Coran, que Dieu a révélé au prophète Mohammed ﷺ. Dieu a assuré la protection du Coran contre toute altération. Dieu a dit:

> ❮ En vérité, c'est Nous qui avons fait descendre le Coran, et c'est Nous qui en sommes gardien. ❯ (Coran, 15:9)

4) Croyance aux prophètes et aux messagers de Dieu:

Les musulmans croient aux prophètes et aux messagers de Dieu, en commençant par Adam, et ensuite Noé, Abraham, Ismaël, Isaac, Jacob, Moïse et Jésus (que la paix soit sur eux). Mais le dernier message que Dieu a envoyé à l'homme, et qui était une reconfirmation du message éternel, fut révélé au prophète Mohammed ﷺ. Les musulmans croient que Mohammed ﷺ est le dernier prophète à avoir été envoyé par Dieu, comme Dieu le dit:

> ❮ Mohammed n'a jamais été le père de l'un de vos hommes, mais le messager de Dieu et le dernier des prophètes... ❯ (Coran, 33:40)

Les musulmans croient que tous les prophètes et messagers étaient des être humains créés par Dieu et qu'ils n'avaient aucune des qualités divines de Dieu.

5) Croyance au Jour du Jugement:

Les musulmans croient au Jour du Jugement (ou Jour de la Résurrection) où tous les gens seront ressuscités afin d'être jugés par Dieu en fonction de leurs croyances et de leurs actions.

6) Croyance au Qadar:

Les musulmans croient au *Al-Qadar*, qui est la prédestination divine; mais cette croyance en la prédestination divine ne signifie pas que les êtres humains n'ont pas de libre arbitre. Les musulmans croient plutôt que Dieu a donné aux êtres humains un libre arbitre, ce qui signifie qu'ils peuvent choisir entre le bien et le mal et qu'ils sont responsables de leurs choix.

La croyance en la prédestination divine inclut la croyance en quatre choses: 1) Dieu sait tout. Il sait ce qui a eu lieu dans le passé et Il sait ce qui arrivera dans le futur. 2) Dieu a consigné par écrit tout ce qui a eu lieu dans le passé et tout ce qui arrivera dans le futur. 3) Tout ce que Dieu décide arrive, et tout ce qu'Il refuse n'arrive pas. 4) Dieu est le Créateur de toute chose.

Existe-t-il une source sacrée autre que le Coran?

Oui. La *sounnah* (ce que le prophète Mohammed a dit, fait, ou approuvé) est la deuxième source en islam. La sounnah est composée de *hadiths*, qui sont des rapports fidèles transmis par les compagnons du prophète Mohammed sur ce que ce dernier a dit, fait, ou approuvé. Croire à la *sounnah* est une croyance islamique fondamentale.

Quelques exemples de paroles du prophète Mohammed

- {L'image des croyants dans les liens d'amour, de miséricorde et de compassion qui les unissent les uns aux autres est celle du corps: dès que l'un de ses membres est malade, tout le reste du corps souffre d'insomnie et de fièvre.}[1]
- {Les croyants qui ont la foi la plus parfaite sont ceux qui ont le meilleur caractère. Et les meilleurs d'entre eux sont ceux qui sont les meilleurs avec leurs femmes.}[2]
- {Nul d'entre vous n'est tout à fait croyant jusqu'à ce qu'il aime pour son frère ce qu'il aime pour lui-même.}[3]
- {Le Tout-Miséricordieux est clément avec ceux qui le sont. Soyez clément envers votre prochain, et Dieu sera clément envers vous.}[4]
- {Sourire à votre frère est un acte de charité...}[5]
- {Une bonne parole est une charité.}[6]

---

(1) Rapporté dans Sahih Mouslim, #2586, et Sahih Al-Boukhari, #6011.
(2) Rapporté dans Mosnad Ahmad, #7354, et Al-Tirmizi, #1162.
(3) Rapporté dans Sahih Al-Boukhari, #13, et Sahih Mouslim, #45.
(4) Rapporté dans Al-Tirmizi, #1924, et Abou-Dawood, #4941.
(5) Rapporté dans Al-Tirmizi, #1956.
(6) Rapporté dans Sahih Mouslim, #1009, et Sahih Al-Boukhari, #2989.

- {Quiconque croit en Dieu et au Jour Dernier (le Jour du Jugement) doit être bon avec son voisin.}[1]
- {Dieu ne vous juge pas en fonction de votre apparence et de vos richesses, mais Il regarde vos coeurs et observe vos actions.}[2]
- {Payez son salaire au travailleur avant que sa sueur n'ait eu le temps de sécher.}[3]
- {Un homme qui marchait sur un chemin ressentit une grande soif. Il atteignit un puits, y descendit, but, et en ressortit. C'est alors qu'il aperçut un chien haletant et léchant la terre humide tellement il avait soif. L'homme se dit: "Ce chien souffre de la soif autant que j'en souffrais moi-même." Alors il redescendit dans le puits, remplit d'eau sa chaussure et en abreuva le chien. Dieu le remercia et lui pardonna ses péchés.} On demanda au prophète : "Ô messager de Dieu, sommes-nous récompensés pour nos bonnes actions envers les animaux?" Il dit: {Pour toute créature vivante, il y a une récompense à qui leur fait du bien.}[4]

Que dit l'islam sur le Jour du Jugement?

Comme les chrétiens, les musulmans croient que la vie d'ici-bas n'est qu'une épreuve préparatoire en vue de l'existence de l'au-delà. Pour chaque individu, cette vie est un test pour la vie qui l'attend après sa mort. Un jour viendra où tout l'univers sera détruit et les morts seront ressuscités afin d'être jugés par Dieu. Ce jour-là sera le début d'une vie qui ne finira jamais. Ce jour-là est le Jour du Jugement, au cours duquel tous les gens seront récompensés par Dieu en fonction de leurs croyances et leurs actions. Ceux qui meurent tout en croyant que **"Il n'y a pas d'autre dieu que Dieu et Mohammed est Son messager"** et en étant musulmans seront récompensés ce jour-là et seront admis au Paradis où ils demeureront éternellement, tel que Dieu l'a dit:

---

(1) Rapporté dans Sahih Mouslim, #48, et Sahih Al-Boukhari, #6019.
(2) Rapporté dans Sahih Mouslim, #2564.
(3) Rapporté dans Ibn Majah, #2443.
(4) Rapporté dans Sahih Mouslim, #2244, et Sahih Al-Boukhari, #2466.

❨ **Et ceux qui croient et pratiquent de bonnes oeuvres, ceux-là sont les gens du Paradis où ils demeureront éternellement.** ❩ (Coran, 2:82)

Mais ceux qui meurent tout en ne croyant pas que **"Il n'y a pas d'autre dieu que Dieu et Mohammed est Son messager"**, ou en n'étant pas musulmans, perdront pour toujours la chance d'être admis au Paradis et seront envoyés en Enfer, tel que Dieu l'a dit:

❨ **Et quiconque désire une religion autre que l'islam ne sera point agréé, et il sera, dans l'au-delà, parmi les perdants.** ❩ (Corán, 3:85)

Et Il a aussi dit:

❨ **Ceux qui ne croient pas et qui meurent mécréants, il ne sera jamais accepté d'aucun d'eux de se racheter, même si pour cela il donnait le contenu, en or, de la terre. Ils auront un châtiment douloureux, et ils n'auront point de secoureurs.** ❩ (Corán, 3:91)

Certaines personnes disent: "Je crois que l'islam est une bonne religion, mais si je me convertissais à l'islam, ma famille, mes amis, et les autres gens me persécuteraient et se moqueraient de moi. Donc si je ne me convertis pas à l'islam, est-ce que j'entrerai quand même au Paradis et est-ce que je serai sauvé du feu de l'Enfer?"

La réponse à cela est ce que Dieu a dit dans le verset mentionné plus haut: "Et quiconque désire une religion autre que l'islam ne sera point agréé, et il sera, dans l'au-delà, parmi les perdants."

Après avoir envoyé le prophète Mohammed ﷺ pour appeler les gens à l'islam, Dieu n'accepte pas que les gens adhèrent à une religion autre que l'islam. Dieu est notre Créateur et Celui qui pourvoit à nos besoins. Il a créé, pour nous, tout ce qu'il y a sur la terre. Toutes les grâces et les bonnes choses dont nous profitons viennent de Lui. Donc après tout cela, lorsque quelqu'un refuse de croire en Dieu, au prophète Mohammed ﷺ ou à l'islam, il est juste qu'il ou qu'elle soit puni(e) dans l'au-delà. En fait, le but principal de notre création est d'adorer Dieu seul et de Lui obéir, tel que Dieu l'a dit dans le Coran **(51:56)**.

Cette vie que nous vivons en ce moment est très courte. Les mécréants, au Jour du Jugement, croiront que la vie qu'ils ont vécue sur terre n'aura duré que l'espace d'un jour, ou d'une partie d'un jour, comme Dieu l'a dit:

> ❮ Il (Dieu) dira: "Combien d'années êtes-vous restés sur terre?" Ils diront: "Nous y sommes demeurés un jour, ou une partie d'un jour..." ❯ (Coran, 23:112-113)

Et Il a dit:

> ❮ Pensiez-vous que Nous vous avions créés sans but, et que vous ne seriez pas ramenés vers Nous (dans l'au-delà)? Que Dieu soit exalté, le vrai Souverain! Pas de divinité en dehors de Lui... ❯ (Coran, 23:115-116)

La vie dans l'au-delà est tout à fait réelle. Ce n'est pas qu'une vie spirituelle, c'est aussi une vie physique. Nous vivrons dans l'au-delà avec nos âmes et nos corps.

En comparant le monde d'ici-bas avec l'au-delà, le prophète Mohammed ﷺ a dit: {**La valeur de ce bas-monde en comparaison de l'autre est comme lorsque vous plongez votre doigt dans la mer et que vous le retirez: voyez donc ce que vous en retirez (de la mer) avec votre doigt!**}[1] La signification de ce hadith est que la valeur de ce monde comparée à celle de l'au-delà est comme quelques gouttes d'eau comparées à la mer tout entière.

Comment devient-on musulman(e)?

C'est simplement en disant: *"La ilaha illa Allah, Mohammadour rasoolou Allah"* avec conviction qu'une personne se convertit à l'islam et devient musulmane. Ces paroles signifient: *"Il n'y a pas d'autre Dieu qu'Allah[2] et

---

(1) Rapporté dans *Sahih Mouslim*, #2858, et *Mosnad Ahmad*, #17560.
(2) Comme nous l'avons mentionné précédemment, le mot arabe *Allah* signifie "Dieu" (le seul Dieu véritable qui a créé tout l'univers). Le mot *Allah* est un nom pour désigner Dieu utilisé par les arabophones, qu'ils soient Arabes chrétiens ou Arabes musulmans.

Mohammed est Son messager". La première partie, "Il n'y a pas d'autre Dieu qu'Allah", signifie que personne ne mérite d'être adoré à part Dieu, et que Dieu n'a ni partenaire ni fils. Pour être musulman, on doit aussi:
- Croire que le Coran est la parole de Dieu, révélée par Lui.
- Croire que le Jour du Jugement (ou Jour de la Résurrection) est bien réel et qu'il viendra, ainsi que Dieu l'a promis dans le Coran.
- Accepter l'islam et en faire sa religion.
- Ne pas adorer quoi que ce soit ou qui que ce soit à part Dieu.

Le prophète Mohammed ﷺ a dit: **{Dieu se réjouit plus du repentir de quelqu'un lorsqu'il se repent que ne se réjouirait l'un d'entre vous s'il montait son chameau dans une terre désertique et que son chameau s'échappe tout à coup en emportant sa nourriture et sa boisson. Il va s'allonger à l'ombre d'un arbre (attendant la mort), car il n'a aucun espoir de retrouver son chameau. Et alors qu'il est dans cet état de désespoir, voilà que son chameau est là, devant lui! Il le saisit par la bride et dit, sous l'effet de sa joie excessive: "Seigneur Dieu! Tu es mon serviteur et je suis Ton seigneur!", s'embrouillant tellement sa joie est intense.}**[1]

Au-dessus de cette entrée, il est inscrit, en arabe: "Il n'y a pas d'autre dieu qu'Allah et Mohammed est Son messager".

---

(1) Rapporté dans *Sahih Mouslim*, #2747, et *Sahih Al-Boukhari*, #6309.

De quoi le Coran parle-t-il?

Le Coran, le dernier livre révélé par Dieu, est la principale source sur laquelle se base chaque musulman pour sa foi et la pratique de sa religion. Il traite de tous les sujets qui concernent les êtres humains: sagesse, doctrine, adoration, transactions, lois, etc., mais son thème de base est la relation entre Dieu et Ses créatures. Il contient également des lignes de conduite et des enseignements détaillés nécessaires à une société juste, à un comportement convenable et à un système économique équitable.

Soulignons que le Coran a été révélé à Mohammed ﷺ en arabe seulement. Donc n'importe quelle traduction du Coran, en anglais ou dans une autre langue, n'est pas le Coran lui-même, ni une autre version du Coran, mais seulement une traduction du sens de ses versets. Le Coran n'existe que dans la langue arabe dans laquelle il a été révélé.

Qui est le prophète Mohammed ﷺ?

Mohammed ﷺ était très religieux et pendant longtemps, il détesta la décadence et l'idolâtrie de la société dans laquelle il vivait. À l'âge de quarante ans, Mohammed ﷺ reçut sa première révélation de Dieu par l'intermédiaire de l'ange Gabriel. Les révélations se poursuivirent pendant vingt-trois ans, et ensemble elles formèrent ce que nous connaissons comme le Coran.

Dès qu'il commença à réciter le Coran et à prêcher la vérité que Dieu lui avait révélée, il souffrit, avec son petit groupe de disciples, de persécutions de la part des mécréants. Les persécutions devinrent si acharnées qu'en l'an 622, Dieu leur ordonna d'émigrer. Cette émigration de la Mecque à la ville de Médine, située à environ 260 milles (418 km) au nord, marque le début du calendrier musulman.

La mosquée du prophète Mohammed ﷺ à Médine.

Après plusieurs années, Mohammed ﷺ et ses disciples purent enfin retourner à la Mecque, où ils pardonnèrent à leurs ennemis. Avant que Mohammed ﷺ ne meure, à l'âge de soixante-trois ans, la majeure partie de la Péninsule Arabe était devenue musulmane, et moins d'un siècle après sa mort, l'islam s'était propagé jusqu'en Espagne à l'ouest, et aussi loin qu'en Chine à l'est. Parmi les raisons qui expliquent la propagation rapide et pacifique de l'islam, il y a la vérité et la clarté de sa doctrine. L'islam appelle les gens à ne croire qu'en un seul Dieu, qui est le Seul qui mérite d'être adoré.

Le prophète Mohammed ﷺ était un parfait exemple d'un homme honnête, juste, clément, compatissant, véridique et brave. Bien qu'il fût un homme, il était très loin d'en avoir les mauvaises caractéristiques, et il luttait et faisait tous ses efforts par amour pour Dieu et pour Sa récompense dans l'au-delà. De plus, dans toutes ses actions et ses relations avec les gens, il avait toujours la crainte de Dieu et le souci de Lui plaire.

Comment la propagation de l'islam a-t-elle influé sur le développement des sciences?

L'islam enseigne à l'homme à utiliser ses facultés d'intelligence et d'observation. À peine quelques années après le début de la propagation de l'islam, de grandes civilisations et universités étaient en plein essor. La synthèse des idées provenant de l'Est et de l'Ouest, et des idées anciennes et nouvelles, a amené de grands progrès en médecine, en mathématiques, en physique, en astronomie, en géographie, en architecture, en art, en littérature et en histoire. Plusieurs systèmes fondamentaux, comme l'algèbre, les

L'astrolabe: L'un des instruments scientifiques les plus importants conçus par des musulmans, et qui fut aussi largement utilisé dans l'Ouest jusqu'aux temps modernes.

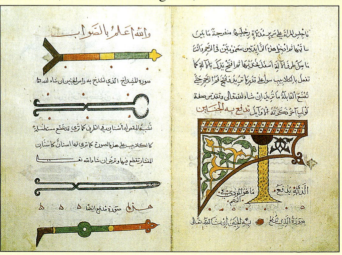

Les médecins musulmans se concentrèrent beaucoup sur la chirurgie et inventèrent plusieurs instruments chirurgicaux, comme nous pouvons le voir sur ces anciens manuscrits.

chiffres arabes, et le concept du zéro (qui fut indispensable à l'avancement des mathématiques), furent transmis du monde musulman à l'Europe médiévale. Des instruments sophistiqués, qui rendirent possibles les voyages exploratoires européens, comme l'astrolabe, le cadran et les excellentes cartes de navigation, furent également conçus par des musulmans.

Que pensent les musulmans de Jésus?

Les musulmans respectent et révèrent Jésus (que la paix soit sur lui). Ils le considèrent comme l'un des plus importants messagers que Dieu a envoyé à l'humanité. Le Coran confirme sa naissance miraculeuse (d'une vierge), et un chapitre du Coran est intitulé "*Maryam*" (Marie). Le Coran décrit la naissance de Jésus comme suit:

> ❰ **(Rappelle-toi) quand les Anges dirent: "Ô Marie, voilà que Dieu t'annonce une parole de Sa part: son nom sera le Messie Jésus, fils de Marie, illustre ici-bas comme dans l'au-delà, et l'un des rapprochés de Dieu. Il parlera aux gens, dans le berceau et en son âge mûr, et il sera du nombre des gens de bien". Elle dit: "Seigneur! Comment aurais-je un enfant, alors qu'aucun homme ne m'a touchée?". "C'est ainsi!", dit-Il. Dieu crée ce qu'Il veut. Quand il décide d'une chose, Il lui dit seulement "Sois", et elle est aussitôt.** ❱ (Coran, 3:45-47)

Jésus est né de façon miraculeuse sur l'ordre de Dieu, tout comme Adam, à qui Dieu avait insufflé la vie sans qu'il n'ait eu de père. Dieu a dit:

> ❰ **Pour Dieu, Jésus est comme Adam qu'Il créa de poussière, puis Il lui dit: "Sois"; et il fut.** ❱ (Coran, 3:59)

Durant sa mission prophétique, Jésus a accompli plusieurs miracles. Dieu nous révèle que Jésus a dit:

❋ "En vérité, je viens à vous avec un signe de la part de votre Seigneur. Pour vous, je forme de la glaise comme la figure d'un oiseau, puis je souffle dedans; et, par la permission de Dieu, cela devient un oiseau. Et je guéris l'aveugle-né et le lépreux, et je ressuscite les morts, par la permission de Dieu. Et je vous apprends ce que vous mangez et ce que vous amassez dans vos maisons..." ❋ (Coran, 3:49)

Les musulmans croient que Jésus n'a pas été crucifié. Ses ennemis avaient l'intention de le crucifier, mais Dieu l'a sauvé et l'a élevé vers Lui. Et l'apparence physique de Jésus fut donnée à un autre homme. Alors les ennemis de Jésus s'emparèrent de cet homme et le crucifièrent, croyant ainsi crucifier Jésus. Dieu a dit:

❋ ...Ils dirent: "Nous avons tué le Messie, Jésus, fils de Marie, le messager de Dieu"... Or, ils ne l'ont ni tué ni crucifié, mais son apparence fut donnée à un autre homme (et ils tuèrent cet homme)... ❋ (Coran, 4:157)

Ni Mohammed ﷺ ni Jésus ne vinrent pour apporter des changements à la doctrine de base selon laquelle on ne doit croire

La mosquée Aqsa, à Jérusalem.

qu'en un seul Dieu, doctrine qui fut prêchée par d'autres prophètes avant eux; il vinrent plutôt pour la confirmer et la renouveler.[1]

Que dit l'islam à propos du terrorisme?

L'islam, qui est une religion de miséricorde, ne permet pas le terrorisme. Dans le Coran, Dieu a dit:

> ❨ **Dieu ne vous défend pas d'être bienfaisants et équitables envers ceux qui ne vous ont pas combattus pour la religion et ne vous ont pas chassés de vos demeures. Car Dieu aime les équitables.** ❩ (Coran, 60:8)

Le prophète Mohammed ﷺ interdisait aux soldats de tuer des femmes et des enfants,[2] et il leur conseillait: **{... Ne trahissez pas, ne soyez pas excessifs, ne tuez pas un nouveau-né.}**[3] Et il a aussi dit: **{Quiconque a tué une personne qui avait fait un pacte (de non-agression) avec les musulmans ne sentira pas l' odeur du Paradis, même si son parfum peut être senti à une distance équivalant à quarante ans.}**[4]

---

(1) Les musulmans croient aussi que Dieu a révélé un livre saint appelé *Injil* à Jésus, dont certaines parties sont peut-être encore disponibles dans les enseignements de Dieu à Jésus que l'on retrouve dans le Nouveau Testament. Mais cela ne signifie pas que les musulmans croient à la Bible que nous connaissons aujourd'hui, car elle n'est pas constituée des écritures originales qui furent révélées par Dieu. Elles ont subi des altérations, des additions et des omissions. Cela a été reconnu par le comité chargé de la révision de la Sainte Bible. Ce comité était composé de trente-deux membres, tous des érudits. Ils assurèrent le bon déroulement de la révision et des délibérations du Conseil Consultatif composé de cinquante représentants des diverses confessions religieuses coopératrices. Le comité a déclaré, à la page iv de la préface de la Sainte Bible (la version standard révisée, en anglais): "À quelques endroits, il est évident que le texte a subi des modifications lors de sa transmission, mais aucune des versions ne procure un rétablissement satisfaisant. Nous ne pouvons que nous fier au meilleur jugement des érudits compétents en ce qui concerne la reconstitution la plus probable des textes originaux." Le comité a également déclaré, à la page vii de la préface: "Des notes ont été ajoutées pour indiquer d'importantes variations, additions ou omissions dans les anciennes sources (Mt 9.34; Mc 3.16; 7.4; Lc 24.32, 51, etc.)."
(2) Rapporté dans *Sahih Mouslim*, #1744, et *Sahih Al-Boukhari*, #3015.
(3) Rapporté dans *Sahih Mouslim*, #1731, et *Al-Tirmizi*, #1408.
(4) Rapporté dans *Sahih Al-Boukhari*, #3166, et *Ibn Majah*, #2686.

Le prophète Mohammed ﷺ a aussi interdit de punir les gens par le feu.[1]

Une fois, il a classé le meurtre comme deuxième péché majeur[2], et il a même averti les gens que: {Les premiers cas à être jugés entre les gens au Jour du Jugement seront les cas d'effusions de sang.[3]}[4]

Les musulmans sont même encouragés à être bons envers les animaux et il leur est interdit de leur faire du mal. Une fois, le prophète Mohammed ﷺ a raconté: **{Une femme a été punie pour avoir emprisonné un chat jusqu'à ce qu'il meure. À cause de cela, elle a été condamnée à l'Enfer. Elle l'avait emprisonné sans lui donner à manger ni à boire, et sans le libérer pour qu'il puisse manger les insectes de la terre.}**[5]

Il a aussi raconté qu'un homme ayant donné à boire à un chien assoiffé, Dieu lui pardonna ses péchés pour cette action. On demanda au prophète ﷺ: "Ô messager de Dieu, sommes-nous récompensés pour le bien que nous faisons aux animaux?" Il répondit: **{Pour toute créature vivante, il y a une récompense à qui leur fait du bien.}**[6]

Par ailleurs, lorsque les musulmans tuent un animal pour se nourrir, ils doivent le faire de la façon qui cause le moins de frayeur et de douleur possible. Le prophète Mohammed ﷺ a dit: **{Lorsque vous égorgez un animal, faites-le de la meilleure façon. Vous devez bien aiguiser votre couteau afin de faire souffrir l'animal le moins possible.}**[7]

À la lumière de ces textes et d'autres textes islamiques, le fait de provoquer la terreur dans les coeurs de civils sans défense, la destruction massive d'édifices et de propriétés, le bombardement et la mutilation d'hommes, de femmes et d'enfants innocents sont

---

(1) Rapporté dans *Abou-Dawood*, #2675.
(2) Rapporté dans *Sahih Al-Boukhari*, #6871, et *Sahih Mouslim*, #88.
(3) Cela signifie tuer et blesser.
(4) Rapporté dans *Sahih Mouslim*, #1678, et *Sahih Al-Boukhari*, #6533.
(5) Rapporté dans *Sahih Mouslim*, #2422, et *Sahih Al-Boukhari*, #2365.
(6) Rapporté dans *Sahih Mouslim*, #2244, et *Sahih Al-Boukhari*, #2466.
(7) Rapporté dans *Sahih Mouslim*, #1955, et *Al-Tirmizi*, #1409.

tous des actes interdits et détestables aux yeux de l'islam et des musulmans. Les musulmans pratiquent une religion basée sur la paix, la miséricorde et le pardon, et la vaste majorité d'entre eux n'ont rien à voir avec les violents événements que certains associent aux musulmans. Si un musulman commettait un acte de terrorisme, il serait coupable d'avoir violé les lois de l'islam.

Les droits de l'homme et la justice en islam

L'islam accorde plusieurs droits aux individus. Voici quelques-uns de ces droits que l'islam protège.

La vie et les biens de tous les citoyens d'un état islamique sont considérés comme sacrés, que la personne soit musulmane ou non. L'islam protège également l'honneur des gens. Donc en islam, insulter les autres ou rire d'eux n'est pas permis. Le prophète Mohammed e a dit: {**En vérité, votre sang, vos biens et votre honneur sont inviolables.**}[1]

Le racisme n'a pas sa place en islam, car le Coran parle d'égalité entre les hommes en ces termes:

> ❰ **Ô hommes! Nous vous avons créés d'un mâle et d'une femelle, et Nous avons fait de vous des nations et des tribus, pour que vous vous entre-connaissiez. Le plus noble d'entre vous, auprès de Dieu, est le plus pieux.**[2] **Dieu est certes Omniscient et Grand Connaisseur."** ❱ **(Coran, 49:13)**

L'islam rejette le favoritisme envers certaines personnes ou certaines nations à cause de leurs richesses, de leur pouvoir, ou de leur race. Dieu a créé les êtres humains égaux et on ne peut faire de distinction entre eux que sur la base de leur foi et de leur piété. Le prophète Mohammed a dit: {**Ô vous qui m'écoutez! Vous n'avez qu'un seul Dieu et vous n'avez qu'un seul et même ancêtre (Adam). Un Arabe n'est pas meilleur qu'un non-Arabe, et un

---

(1) Rapporté dans *Sahih Al-Boukhari*, #1739, et *Mosnad Ahmad*, #2037.
(2) Un pieux est un croyant qui s'abstient de tous les genres de péchés, qui fait toutes les bonnes actions que Dieu nous ordonne de faire, et qui craint et aime Dieu.

non-Arabe n'est pas meilleur qu'un Arabe. Et un rouge (un blanc au teint rouge) n'est pas meilleur qu'un noir, et un noir n'est pas meilleur qu'un rouge,[1] sauf au niveau de la piété.}[2]

Un des problèmes majeurs auxquels doit faire face l'humanité, de nos jours, est le racisme. Les pays développés sont capables d'envoyer un homme sur la lune, mais ils sont incapables de faire cesser la haine et la lutte entre les hommes. Depuis l'époque du prophète Mohammed ﷺ, l'islam nous donne un exemple frappant de la façon dont on peut mettre un terme au racisme. Le pèlerinage annuel (*Hajj*) à la Mecque nous montre la véritable fraternité islamique entre toutes les races et toutes les nations, alors que près de deux millions de musulmans de partout à travers le monde se réunissent dans cette ville pour faire le pèlerinage.

L'islam est une religion de justice. Dieu a dit:

❮ Certes Dieu vous commande de rendre les dépôts à leurs ayants droit, et quand vous jugez entre des gens, de juger avec équité... ❯ (Coran, 4:58)

Et Il a dit:

❮ ...et soyez équitables, car Dieu aime les équitables. ❯ (Coran, 49:9)

---

(1) Les couleurs mentionnées dans ce hadith sont des exemples. Le sens de ces paroles est qu'en islam, nul n'est meilleur qu'un autre à cause de sa couleur, que ce soit blanc, noir, rouge, ou n'importe quelle autre couleur.
(2) Rapporté dans *Mosnad Ahmad*, #22978.

Nous devons même être justes envers ceux que nous détestons, comme Dieu l'a dit:

> ❮ ...Et que la haine pour un peuple ne vous incite pas à être injustes. Pratiquez l'équité: cela est plus proche de la piété... ❯
> (Coran, 5:8)

Le prophète Mohammed ﷺ a dit: {**Prenez garde à l'injustice,**[1] **car l'injustice se traduira en ténèbres au Jour du Jugement.**}[2]

Et ceux qui n'auront pas obtenu leurs droits (i.e. ce qu'ils peuvent légitimement revendiquer) dans cette vie les obtiendront au Jour du Jugement, car le prophète ﷺ a dit: {**Au Jour du Jugement, les droits seront donnés à ceux à qui ils sont dûs (et les torts seront réparés)...**}[3]

Quel est le statut de la femme en islam?

L'islam perçoit la femme, qu'elle soit célibataire ou mariée, comme un être indépendant qui a le droit de disposer de ses biens et de ses revenus sans avoir à en rendre compte à qui que soit (que ce soit son père, son mari, ou quelqu'un d'autre). Elle a le droit d'acheter et de vendre, de donner des cadeaux et de donner en charité, et elle dépense de son argent comme bon lui semble. Lors du mariage, l'épouse reçoit, de la part de son mari, une dot dont elle dispose à sa guise, et elle garde son nom de famille plutôt que de prendre celui de son mari.

L'islam encourage le mari à bien traiter sa femme, car le prophète Mohammed ﷺ a dit: {**Les meilleurs d'entre vous sont les meilleurs avec leurs femmes.**}[4]

---

(1) i.e. opprimer les autres, agir injustement, ou faire du tort aux autres.
(2) Rapporté dans *Mosnad Ahmad*, #5798, et *Sahih Al-Boukhari*, #2447.
(3) Rapporté dans *Sahih Mouslim*, #2582, et *Mosnad Ahmad*, #7163.
(4) Rapporté dans *Ibn Majah*, #1978, et *Al-Tirmizi*, #3895.

Les mères, en islam, sont traitées avec beaucoup d'égard. L'islam recommande de les traiter de la meilleure façon qui soit. **Un homme vint voir le prophète Mohammed ﷺ et lui demanda: "Ô messager de Dieu, quelle est la personne qui mérite le plus que je lui tienne compagnie?" Le prophète ﷺ répondit: {Ta mère.} L'homme dit: "Et qui encore?" Le prophète ﷺ dit: {Ta mère.} L'homme demanda encore:{Ta mère.} L'homme demanda encore: "Et qui d'autre? " Le prophète ﷺ dit: {Ta mère.} L'homme demanda de nouveau: Et qui encore? Le prophète ﷺ dit: {Ton père.}**[1]

La famille en islam

La famille, qui est la cellule de base des sociétés, est entrain de se désagréger. Le système familial islamique apporte un bon équilibre entre les droits du mari, de la femme, des enfants et des parents. Il cultive le comportement désintéressé, la générosité et l'amour dans un cadre bien organisé. La paix et la sécurité qu'offre une famille stable sont très estimés et sont considérés comme essentiels au développement spirituel de ses membres. Un ordre social harmonieux est créé à partir de l'existence de familles étendues et par la grande valeur que l'on attache aux enfants.

Comment les musulmans traitent-ils les personnes âgées?

Dans le monde islamique, il est rare de trouver des hospices de vieillards. L'effort requis pour prendre soin de ses parents au moment le plus difficile de leur vie est considéré comme un honneur et une bénédiction, et aussi comme une occasion de grandir spirituellement. En islam, il n'est pas suffisant de seulement prier pour nos parents; nous devons aussi agir envers eux avec une compassion illimitée, en nous rappelant que lorsque nous étions petits et faibles, ils nous ont préférés à eux-mêmes. Les mères sont particulièrement honorées. Quand les parents musulmans atteignent un âge avancé, ils sont traités avec compassion, gentillesse et désintéressement.

---

(1) Rapporté dans Sahih Mouslim, #2548, et Sahih Al-Boukhari, #5971.

En islam, servir ses parents est le deuxième devoir en importance après la prière, et c'est leur droit de l'exiger. Il est considéré comme méprisable de manifester de l'irritation envers les personnes âgées lorsque, sans que ce soit leur faute, elles deviennent difficiles.

Dieu a dit:

> ❨ Et ton Seigneur a décrété: "N'adorez que Lui; et marquez de la bonté envers les père et mère: si l'un d'eux ou tous deux doivent atteindre la vieillesse auprès de toi, alors ne leur dis point: "Fi!" et ne les brusque pas, mais adresse-leur des paroles respectueuses. Et par miséricorde, abaisse pour eux l'aile de l'humilité, et dis: "Ô mon Seigneur, fais-leur, à tous deux, miséricorde puisqu'ils m'ont élevé lorsque j'étais tout petit". ❩ (Coran, 17:23-24)

Quels sont les cinq piliers de l'islam?

Les cinq piliers de l'islam constituent le fondement du mode de vie islamique. Ces piliers sont: la profession de foi, la prière, la zakat (soutien financier aux pauvres), le jeûne du mois de Ramadan, et le pèlerinage à la Mecque une fois dans la vie pour ceux qui en ont les moyens.

1) La profession de foi:

La profession de foi consiste à déclarer, avec conviction, *"La ilaha illa Allah, Mohammadour rasoulou Allah."* Cette déclaration signifie: *"Il n'y a pas d'autre dieu qu'Allah et Mohammed est Son messager (prophète)."* La première partie, "Il n'y a pas d'autre dieu qu'Allah" signifie que nul n'a le droit d'être adoré à part Dieu, et que Dieu n'a ni partenaire ni fils. Cette profession de foi est appelée la shahada, une formule toute simple qui doit être prononcée avec conviction par celui ou celle qui veut se convertir à l'islam. La profession de foi est le pilier le plus important de l'islam.

2) La prière:

Les musulmans font cinq prières par jour. Chacune d'elles ne demande pas plus de quelques minutes. La prière en islam crée un lien direct entre Dieu et la personne qui Le prie, car il n'y a pas d'intermédiaire entre Dieu et cette personne.

Lorsqu'une personne prie, elle ressent au fond d'elle-même du bonheur, de la paix et du bien-être, et elle sent que Dieu est satisfait d'elle. Le prophète Mohammed a dit: {Bilal, appelle les gens à la prière, que nous soyons réconfortés par elle.}[1] Bilal était un compagnon de Mohammed à qui on avait confié la tâche d'appeler les gens à la prière.

Les prières se font à l'aube, à midi, au milieu de l'après-midi, au coucher du soleil, et dans la soirée. Un musulman peut prier à peu près n'importe où, que ce soit dans un champ, au bureau, dans une manufacture ou à l'université.

3) Donner la Zakat (soutien aux pauvres):

Toute chose appartient à Dieu, et les richesses ne sont donc que gérées par les êtres humains. Le sens premier du mot *zakat* est à la fois "purification" et "croissance". Donner la *zakat* signifie "donner un certain pourcentage de la valeur de certains biens à certaines catégories de nécessiteux".  Le pourcentage qui est dû sur l'or, l'argent et les fonds en argent qui équivalent à la valeur du poids de 85 grammes d'or, et dont une personne a été en possession pendant toute une année lunaire, est de deux et demie pourcent. Nos biens sont purifiés lorsque nous en mettons de côté une petite partie pour ceux qui sont dans le besoin et, comme lorsque nous taillons une plante, ce prélèvement a pour effet d'équilibrer et de favoriser une nouvelle croissance.

Une personne peut aussi donner autant qu'elle le veut en charité non-obligatoire.

---

(1) Rapporté dans Abou-Daoud, #4985, et Mosnad Ahmad, #22578.
(2) Le mois de Ramadan est le neuvième mois du calendrier islamique (lequel est lunaire et non solaire).

4) Le jeûne du mois de Ramadan:

Chaque année au mois de Ramadan,[1] les musulmans jeûnent de l'aube jusqu'au coucher du soleil en s'abstenant de manger, de boire et d'avoir des rapports sexuels.

Bien que le jeûne soit bon pour la santé, il est surtout considéré comme une façon de se purifier spirituellement. En rompant ses liens avec les commodités de la vie, même pour une courte période de temps, la personne qui jeûne ne peut que ressentir de la compassion envers ceux qui ont faim, en plus de grandir spirituellement.

5) Le pèlerinage à la Mecque:

Le pèlerinage annuel (*Hajj*) à la Mecque est une obligation, une fois au cours de leur vie, pour ceux qui sont physiquement et financièrement capables de le faire. Près de deux millions

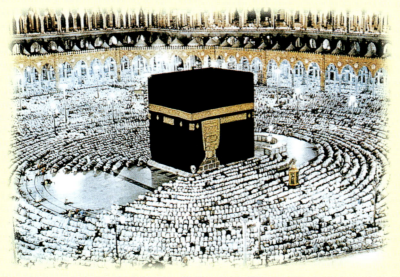

Des pèlerins entrain de prier à la mosquée Haram à la Mecque. Dans cette mosquée, il y a la Kaaba (l'édifice cubique noir sur la photo) vers laquelle se tournent les musulmans pour prier. La Kaaba est le sanctuaire que Dieu a ordonné aux prophètes Abraham et son fils, Ismaël, de construire.

---

(3) Un endroit situé à environ 15 milles (à peu près 24 kilomètres) de la Mecque.

de personnes, provenant des quatre coins du monde, se rendent chaque année à la Mecque. Bien qu'il y ait toujours de nombreux visiteurs à la Mecque, le *hajj* annuel doit être fait au douzième mois du calendrier islamique. Les pèlerins de sexe masculin portent un vêtement spécial d'une grande simplicité qui élimine toute distinction de classes ou de culture afin que tous soient égaux devant Dieu.

Parmi les rites du *Hajj*, il y a l'obligation de tourner sept fois autour de la Kaaba et de faire sept fois l'aller-retour entre les collines de Safa et Marwa, comme l'avait fait Hagar lorsqu'elle cherchait de l'eau. Ensuite, les pèlerins se rejoignent à Arafa[3] où ils prient Dieu et Lui demandent pardon; pour beaucoup, ce moment fait penser à un aperçu du Jour du Jugement.

La fête de l'*Aïd Al-Adha*, qui est célébrée avec des prières, marque la fin du *Hajj*. Cette fête et celle de l'*Aïd al-Fitr*, qui est un jour de fête marquant la fin du Ramadan, sont les deux célébrations annuelles du calendrier musulman.

Informations supplémentaires sur l'islam

Si vous souhaitez obtenir plus d'informations sur l'islam, si vous avez des questions ou des commentaires, ou encore si vous souhaitez lire ce livre dans une autre langue, vous pouvez visiter le site web de ce livre à l'adresse suivante:

www.islam-guide.com/fr

Vos suggestions et commentaires

Vous pouvez les faire parvenir à l'auteur I. A. Ibrahim à:

ib-fr@i-g.org

Vous pouvez également nous contacter à l'adresse ci-dessous:

Islam Guide (French)
PO Box: 343
Riyadh 11323
Saudi Arabia

Tel.: (966-1) 454-1065
Fax: (966-1) 453-6842

Bibliographie

Ahrens, C. Donald. *1988. Meteorology Today* [La météorologie d'aujourd'hui]. 3e édition. St-Paul: West Publishing Company.

Anderson, Ralph K.; et al. 1978. *The Use of Satellite Pictures in Weather Analysis and Forecasting* [L'utilisation des images satellites dans l'analyse et les prévisions météorologiques]. Genève: Secrétariat de l'organisation météorologique mondiale.

Anthes, Richard A.; John J. Cahir; Alistair B. Fraser; et Hans A. Panofsky. 1981. *The Atmosphere* [L'atmosphère]. 3e édition. Columbus: Charles E. Merrill Publishing Company.

Barker, Kenneth; et al. 1985. *The NIV Study Bible, New International Version* [La Bible, nouvelle version internationale]. Grand Rapids, Michigan: Zondervan Publishing House.

Bodin, Svante. 1978. *Weather and Climate* [Conditions atmosphériques et climats]. Poole, Dorest: Blandford Press Ltd.

Cailleux, André. 1968. *Anatomy of the Earth* [Anatomie de la Terre]. London: World University Library.

Couper, Heather; et Nigel Henbest. 1995. *The Space Atlas* [Atlas de l'espace]. Londres: Dorling Kindersley Limited.

Davis, Richard A., Jr. 1972. *Principles of Oceanography* [Les principes de l'océanographie]. Don Mills, Ontario: Addison-Wesley Publishing Company.

Douglas, J. D.; et Merrill C. Tenney. 1989. *NIV Compact Dictionary of the Bible* [Dictionnaire abrégé de la Bible]. Grand Rapids, Michigan: Zondervan Publishing House.

Elder, Danny; et John Pernetta. 1991. *Oceans* [Les océans]. Londres: Mitchell Beazley Publishers.

Gross, M. Grant. 1993. *Oceanography, a View of Earth*

[L'océanographie; une vue de la Terre]. 6e édition. Englewood Cliffs: Prentice-Hall, Inc.

Hickman, Cleveland P.; et al. 1979. *Integrated Principles of Zoology* [Principes généraux de zoologie]. 6e édition. St-Louis: The C. V. Mosby Company.

Al-Hilali, Muhammad T.; et Muhammad M. Khan. 1994. *Interpretation of the Meanings of The Noble Quran in the English Language* [Interprétation du sens des versets du Coran en anglais]. 4e édition révisée, Riyadh: Maktaba Dar-us-Salam.

The Holy Bible, Containing the Old and New Testaments (Revised Standard Version) [La Sainte Bible, comprenant l'ancien et le nouveau testaments (version standard révisée)]. 1971. New-York: William Collins Sons & Co., Ltd.

Ibn Hesham, Abdul-Malek. *Al-Serah Al-Nabaweyyah.* Beirut: Dar El-Marefah.

Département des affaires islamiques, ambassade d'Arabie Saoudite, Washington, DC. 1989. *Understanding Islam and the Muslims* [Comprendre l'islam et les musulmans]. Washington, DC: Département des affaires islamiques, ambassade d'Arabie Saoudite.

Kuenen, H. 1960. *Marine Geology* [La géologie marine]. New-York: John Wiley & Sons, Inc.

Leeson, C. R.; et T. S. Leeson. 1981. *Histology* [Histologie]. 4e édition. Philadelphie: W. B. Saunders Company.

Ludlam, F. H. 1980. *Clouds and Storms* [Les nuages et les tempêtes]. Londres: The Pennsylvania State University Press.

Makky, Ahmad A.; et al. 1993. *Ee'jaz al-Quran al-Kareem fee Wasf Anwa' al-Riyah, al-Sohob, al-Matar.* Mecque: Commission sur les preuves scientifiques dans le Coran et la Sounnah.

Miller, Albert; et Jack C. Thompson. 1975. Elements of Meteorology [Éléments de météorologie]. 2e édition. Columbus: Charles E. Merrill Publishing Company.

Moore, Keith L.; E. Marshall Johnson; T. V. N. Persaud; Gerald C. Goeringer; Abdul-Majeed A. Zindani; et Mustafa A. Ahmed. 1992. *Human Development as Described in the Quran and Sunnah* [Le développement humain, tel que décrit dans le Coran et la Sounnah]. Mecque: Commission sur les preuves scientifiques dans le Coran et la Sounnah.

Moore, Keith L.; A. A. Zindani; et al.. 1987. *Al-E'jaz al-Elmy fee al-Naseyah* [Les miracles scientifiques du devant de la tête]. Mecque: Commission sur les preuves scientifiques dans le Coran et la Sounnah.

Moore, Keith L. 1983. *The Developing Human, Clinically Oriented Embryology, With Islamic Additions* [L'humain en développement (embryologie cliniquement orientée), avec addition de références islamiques]. 3e édition. Jeddah: Dar Al-Qiblah.

Moore, Keith L.; et T. V. N. Persaud. 1993. *The Developing Human, Clinically Oriented Embryology* [L'humain en développement (embryologie cliquement orientée)]. 5e édition. Philadelphie: W. B. Saunders Company.

El-Naggar, Z. R. 1991. *The Geological Concept of Mountains in the Quran* [Le concept géologique des montagnes dans le Coran]. 1ère édition. Herndon: Institut international de la pensée islamique.

The New Encyclopaedia Britannica [La nouvelle encyclopédie Britannica]. 1981. 15e édition. Chicago: Encyclopaedia Britannica, Inc.

Noback, Charles R.; N. L. Strominger; et R. J. Demarest. 1991. *The Human Nervous System, Introduction and Review* [Le système nerveux humain]. 4e édition. Philadelphie: Lea & Febiger.

Ostrogorsky, George. 1969. *History of the Byzantine State* [Histoire de l'État byzantin]. Traduit de l'allemand par Joan Hussey. Édition révisée. New Brunswick: Rutgers University Press.

Press, Frank; et Raymond Siever. 1982. *Earth* [Terre]. 3e édition. San Francisco: W. H. Freeman and Company.

Ross, W. D.; et al. 1963. *The Works of Aristotle Translated into English: Meteorologica* [Les travaux d'Aristote traduits en langue anglaise: Meteorologica]. vol. 3. Londres: Oxford University Press.

La Sainte Bible, traduite en français sous la direction de l'École biblique de Jérusalem. 1961. Paris: Les éditions du Cerf.

Scorer, Richard; et Harry Wexler. 1963. *A Colour Guide to Clouds* [Guide illustré des nuages]. Robert Maxwell.

Seeds, Michael A. 1981. *Horizons, Exploring the Universe* [Horizons: Explorer l'univers]. Belmont: Wadsworth Publishing Company.

Seeley, Rod R.; Trent D. Stephens; et Philip Tate. 1996. *Essentials of Anatomy & Physiology* [Éléments d'anatomie et de physiologie]. 2e édition. St-Louis: Mosby-Year Book, Inc.

Sykes, Percy. 1963. *History of Persia* [Histoire de la Perse]. 3e édition. Londres: Macmillan & CO Ltd.

Tarbuck, Edward J.; et Frederick K. Lutgens. 1982. *Earth Science* [Science de la Terre]. 3e édition. Columbus: Charles E. Merrill Publishing Company.

Thurman, Harold V. 1988. *Introductory Oceanography* [Introduction à l'océanographie]. 5e édition. Columbus: Merrill Publishing Company.

Weinberg, Steven. 1984. *The First Three Minutes, a Modern View of the Origin of the Universe* [Les trois premières minutes (un point de vue moderne sur l'origine de l'univers)]. 5e impression. New-York: Bantam Books.

Al-Zarkashy, Badr Al-Deen. 1990. *Al-Borhan fee Oloom Al-Quran*. 1ère édition. Beyrout: Dar El-Marefah.

Zindani, A. A. *This is the Truth* [Ceci est la vérité] (cassette vidéo). Mecque: Commission sur les preuves scientifiques dans le Coran et la Sounnah.

La numérotation des hadiths:

La numérotation des hadiths[1] que l'on retrouve sur ce site est basée sur les références suivantes:

- Sahih Mouslim: selon la numérotation de Muhammad F. Abdul-Baqy.
- Sahih Al-Boukhari: selon la numérotation de Fath Al-Bari.
- Al-Tirmizi: selon la numérotation de Ahmad Shaker.
- Mosnad Ahmad: selon la numérotation de Dar Ehya' Al-Torath Al-Araby, Beyrout.
- Mowatta' Malek: selon la numérotation de Mowatta' Malek.
- Abou-Dawood: selon la numérotation de Muhammad Muhyi Al-Deen Abdul-Hameed.
- Ibn Majah: selon la numérotation de Muhammad F. Abdul-Baqy.
- Al-Daremey: selon la numérotation de Khalid Al-Saba Al-Alamy et Fawwaz Ahmad Zamarly.

---

(1) Un hadith est un rapport fidèle transmis par les compagnons du prophète Mohammed e sur ce que ce dernier a dit, fait, ou approuvé.